Maria Reiter

Ein ländlicher Garten
zwischen Tradition und Moderne

OLV Organischer Landbau Verlag
Kurt Walter Lau

Bibliografische Information Der Deutschen Bibliothek
Die Deutsche Bibliothek verzeichnet diese Publikation in der Deutschen Nationalbibliografie; detaillierte bibliografische Daten sind im Internet über <http:// dnb. ddb. de> abrufbar.

Alle Angaben in diesem Buch sind sorgfältig geprüft und geben den neuesten Wissensstand des Autors bei der Veröffentlichung der Originalausgabe wieder. Eine Haftung des Autors bzw. des Verlages und seiner Beauftragten für Personen-, Sach- und Vermögensschäden ist ausgeschlossen.

Das Werk einschließlich aller seiner Teile ist urheberrechtlich geschützt. Jede Verwertung ausserhalb der engen Grenzen des Urheberrechtgesetzes ist ohne Zustimmung des Verlages unzulässig und strafbar. Das gilt insbesondere für Vervielfältigungen, Übersetzungen, Mikroverfilmungen und die Einspeicherung und Verarbeitung in elektronischen Systemen.

© 2006 OLV Organischer Landbau Verlag Kurt Walter Lau,
Im Kuckucksfeld 1, 47624 Kevelaer-Twisteden
Satz: OLV Verlag
Alle Fotos: Maria Reiter
Druck: Interpress
ISBN: 3-922201-62-8

Fordern Sie bitte unverbindlich unseren Verlagsprospekt an!

Ein ländlicher Garten
zwischen Tradition und Moderne

INHALTSVERZEICHNIS

Und es war am Anfang
DIE IDEE EINES GARTENS 7
- Der Traum vom ländlichen Garten im modernen Stil 7
- Ein naturgemäß bewirtschafteter Garten aus tiefer innerer Überzeugung 8
- Von der Planung zur Wirklichkeit 8

Hommage an die Natur
DER VORPLATZ 10
- Garten der Natur: Der Wildgarten 10
- Blumenpracht statt Monotonie: Blumen-Schotter-Rasen 11
- Heimische Flora statt Exoten: Wildblumenbeete 11

Das Tor zum Garten
DER KÜBELPFLANZENHOF 14
- Unmittelbar vor der Haustür: Südländisches Flair 14
- Pflanzen für den ländlichen Topfgarten 15
- Traditioneller Mittelpunkt: Der Hausbaum ... 18

Ein Rahmen für den Garten
DIE OBSTWIESE 19
- Tradition über Jahrtausende: Obstbau 19
- Ein Stück ländliche Ungezwungenheit: Unser Obstgarten 20
- Apfel, Birne & Co.: Historische Obstsorten für den naturgemäßen Garten 20

Das Herz
DER BÄUERLICHE KÜCHENGARTEN 22
- Nutzen und Zierde: Das Wesen des bäuerlichen Küchengartens 22
- Architektonische Elemente nach historischem Vorbild: Die Gestaltung des Gartens 24
  Der Begriff Garten 24
  Kein Garten ohne Zaun......................... 24
  Ordnung im Garten 26
- Mischkulturen nach dem Vorbild der Natur: Die Bepflanzung des Gartens 28
  Warum Mischkultur?............................ 28
  Mischkultur in der Gartenpraxis 30
  Beispiele guter Partnerschaft 32
- Von der Antike bis zur Gegenwart: Die bunte Vielfalt des Gartens 38
  Gesellschaft voller Leben 38
  Gemüse, Gemüse, Gemüse 39
  Heil- und Würzkräuter 51
  Bunte Sommerblumen 63
- Mulch und Mikroorganismen: Die Bewirtschaftung des Gartens 70
  Bodenpflege im Mischkulturengarten 70
  Pflanzenschutz im naturgemäßen Garten 78
  Gärtnern nach kosmischen Gesichtspunkten... 81
- Eine besondere Liebe: Historische Rosen im Bauerngarten 83
  Die Königin der Blumen 83
  Der Weg der Rose............................... 83
  Rosennostalgie im Bauerngarten 84
  Rosen im Portrait 87
- Ein besonderes Anliegen: Der Erhalt alter Kulturpflanzen des bäuerlichen Gartens 90
  Von der Wildform zur Kulturform 90
  Erhaltenswertes Erbe der Menschheit 91
  Gärtnern mit alten Pflanzensorten 92
  Vielfalt am Beispiel Tomate 94
- Und es rentiert sich doch: Der Bauerngarten heute 101
  Vom Wert ländlicher Gartenkultur 101
  Bauerngartenimpressionen rund ums Jahr 105

Zauber der Vergangenheit
DER »EWIGE GARTEN« 107
- Als bliebe die Zeit stehen:
  Ein formaler Garten 107
- Wider dem Vergessen: »Ewige« Pflanzen ...110
  Ein lebendes Fossil: Der Ginkgo 111
  Neu entdeckt: »Vergessene« Gemüseraritäten 112
  Mystik und Magie: Kräuterzauber 115
  Ehre wem Ehre gebührt: Rosa ›Gloria Dei‹ 120

Schutz und Geborgenheit
DAS GLASHAUS 122
- Warme Kinderstube und Heimat
  für »Südländer« 122
- Pflanzen für die Unterglaskultur 123

In Frieden mit Gott und der Welt
DIE PHILOSOPHIE EINES GARTENS...126
  Dank 127

- Anhang 128
  Bezugsquellen 128
  Literaturverzeichnis 128

Für meinen Sohn Simon

*Die Liebe zur Natur und seine Freude an der Musik
mögen ihn ein Leben lang begleiten.*

*Die ganze Natur ist eine Melodie
in der eine tiefe Harmonie verborgen ist.*

Johann Wolfgang von Goethe

Unser Bauerngarten: zwischen Tradition und Moderne.

Und es war am Anfang
DIE IDEE EINES GARTENS
Der Traum vom ländlichen Garten im modernen Stil

> *Tradition bedeutet nicht Asche bewahren, sondern eine Flamme am Brennen erhalten.*
>
>
>
> Jean Jaurès

Während meiner Kinder- und Jugendzeit, die ich auf dem elterlichen Bauernhof verlebte, begann in mir eine Leidenschaft zu reifen: die Leidenschaft für Gärten. Ich lernte den traditionellen bäuerlichen Garten meiner Großmutter und Mutter kennen und lieben.

Anfang der 90er Jahre bezogen mein Mann, mein kleiner Sohn und ich, unser neu erbautes Haus, das sich in einem Siedlungsgebiet am Rande eines niederbayerischen Dorfes befindet.

Nach Jahren des beruflichen Wirkens und Lebens in der Stadt, war es nun möglich den Traum vom eigenen Garten zu verwirklichen. Und es sollte ein Garten im bäuerlichen Stil werden, geprägt von den Eindrücken der Kinderzeit und angemessen der ländlichen Umgebung. Aber es sollte auch ein zeitgemäß moderner Garten werden, getreu meinem Motto: »Nicht Altes kopieren, sondern es auf zeitgemäße Art und Weise weiterentwickeln«. Ein Grundsatz, der uneingeschränkt auch auf die Architektur von Wohn- und Nebengebäuden zutrifft und die harmonische Verbindung zwischen Garten und Bebauung herstellt.

Entstanden ist ein Garten, der in allem den Grundsätzen alter bäuerlicher Gärten folgt, der aber auch zeigt, dass gerade dieser Garten – der so sehr von der Tradition lebt – den Wandel der Zeit mitmachen darf, ja sogar mitmachen soll. Dieses Buch stellt eine Einladung dar, eine Einladung zum Blick über den Gartenzaun, hinein in einen ländlichen Garten heutiger Tage.

Ländliche Gärten sind ihrem Wesen nach Nutzgärten. Nutzgärten sind die älteste Gartenform, die die Menschheit kennt. Ich möchte zeigen, dass diese Gärten keinesfalls altmodisch oder gar überholt sind, sondern dass sie aus den unterschiedlichsten Gründen heute wertvoller denn je sind. Und ich möchte am Beispiel meines Gartens auch zeigen, dass Gärten im bäuerlich-ländlichen Stil nicht nur in den alten Kern eines Bauerndorfes passen, sondern dass sie durchaus eine Bereicherung in Siedlungsgebieten und Neubaugebieten darstellen.

Das Wesen solcher Gärten, ihre Funktion und Gestaltung, wird neben vieler praktischer Gartentipps, basierend auf meinen eigenen Erfahrungen, Inhalt dieses Buches sein. Ich möchte neugierig machen und ermuntern zugleich, neugierig auf ein Leben mit der Natur und ermuntern zum eigenen Garten, zum ländlich-bäuerlichen Garten. Handelt es sich doch um Gärten geprägt von Schlichtheit und Funktionalität, die wie keine andere Gartenform das Nützliche mit dem Schönen vereinen.

> *Jeder Teil dieser Erde ist meinem Volk heilig,*
> *jede Tannennadel, jeder sandige Strand,*
> *jeder Nebel in den dunklen Wäldern,*
> *jede Lichtung, jedes summende Insekt ist heilig,*
> *in den Gedanken und Erfahrungen meines Volkes.*
>
> Aus der Rede des Indianerhäuptlings *Seattle* an den Präsidenten der Vereinigten Staaten

Ein naturgemäß bewirtschafteter Garten aus tiefer innerer Überzeugung

»Wir sind ein Teil der Erde«, mit diesen berühmten Worten drückt der Indianerhäuptling *Seattle* die wohl tiefste Weisheit menschlicher Erkenntnis aus. Ein Leben mit der Natur und ein verantwortungsvoller Umgang mit »Mutter Erde« gehören zum unumstößlichen Lebensprinzip meiner Familie.

Ein Garten ist ein Stück Land, geformt und geprägt durch die Hand des Menschen, der zu ihm gehört. Sowohl durch die Aufmerksamkeit, die seiner optischen Gestaltung entgegengebracht wird, als auch durch eine intensive Bewirtschaftung, unterscheidet er sich von der freien Natur. Tatsachen, die uneingeschränkt auch auf meinen Garten zutreffen. Und doch gilt, dass dieses Stück Erde mir niemals untertan gemacht werden soll.

Naturgemäße Bewirtschaftung ist die Grundlage allen gärtnerischen Handelns. Der Mensch ist Teil des Systems Garten, ein friedliches und respektvolles Miteinander aller Lebewesen – Mensch, Tier und Pflanze – oberstes Gebot.

Von der Planung zur Wirklichkeit

Architektonische Vorstellungen, Vorlieben für bestimmte Pflanzthemen sowie das persönliche Verständnis eines Gärtners von Natur und Garten, prägen das gestalterische Bild jeder Gartenanlage. Eng verbunden mit dem Menschen der hinter ihm steht, wächst und entwickelt sich ein Garten mit diesem weiter.

DIE IDEE EINES GARTENS

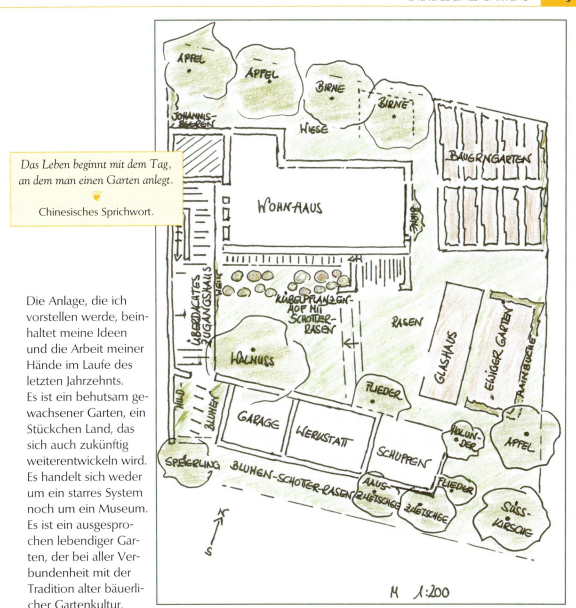

> *Das Leben beginnt mit dem Tag,
> an dem man einen Garten anlegt.*
>
> Chinesisches Sprichwort.

Die Anlage, die ich vorstellen werde, beinhaltet meine Ideen und die Arbeit meiner Hände im Laufe des letzten Jahrzehnts. Es ist ein behutsam gewachsener Garten, ein Stückchen Land, das sich auch zukünftig weiterentwickeln wird. Es handelt sich weder um ein starres System noch um ein Museum. Es ist ein ausgesprochen lebendiger Garten, der bei aller Verbundenheit mit der Tradition alter bäuerlicher Gartenkultur, stets offen ist für Neues. Ländliche Schlichtheit und natürliche Vielfalt gehen Hand in Hand. Alle Pflanzen sind Nutzen und Zierde zugleich, machen dieses Fleckchen Erde zum Garten für Leib und Seele und zum optischen Gegenstück lebloser Rasenflächen mit Grill, Plastikmöbeln und Zwergfichte.

> *… dass Gott die Menschen in seiner einfachen, schönen Natur glücklich sehen will.*
>
> Anne Frank

Hommage an die Natur

DER VORPLATZ

Garten der Natur: Der Wildgarten

Jeder kreativ denkende Gärtner wird Grundsatzüberlegungen anstellen, bevor er mit der Anlage seines Gartens beginnt. Naturnaher oder naturferner Garten? Dies wird die elementarste aller Fragen sein und nicht nur Bewirtschaftung, sondern auch die optische Gestaltung der Anlage prägen. Es ist eine Frage, die die große Familie der Gartenliebhaber entzweit. Kein Wunder, scheinen doch die beiden Gartenformen so weit wie Nord- und Südpol voneinander entfernt.

Auf der einen Seite findet sich die wachsende Anhängerschaft »extremer« Naturgärten wieder. Heimische Wildpflanzen sind in ihren Gärten prägend, abgelehnt werden exotische Gewächse. Wildformen erhalten den Vorrang vor Zuchtformen. Eine möglichst große Vielfalt an Arten lässt einen natürlichen Biotop entstehen, einen zwanglosen Garten, der Lebensraum für Pflanze, Tier und Mensch ist. Verwunschene Pfade mit Naturbelägen statt geradliniger Pflasterwege schlängeln sich durch eine »kontrollierte Wildnis«, die ihrem Vorbild freie Natur möglichst nahe kommt.

Demgegenüber stehen die Liebhaber »ordentlicher« Gärten. So mancher Hausgärtner wendet viel Zeit und Mühe auf in dem Bestreben eine makellose, sterile Rasenfläche anzulegen und zu pflegen. Geschätzt werden z. B. exakt geschnittene Thujenhecken. Sie begrenzen einen meist mit exotischen Gehölzen und Gartengrill möblierten Raum. Die Vielfalt unserer heimischen Natur ist hier nicht zuhause und damit auch nicht das ihr innewohnende Leben.

Weniger negativ nehmen sich naturferne Gartenanlagen früherer Jahrhunderte aus. Ich denke an die streng formalen Gärten der Barockzeit. Man schuf beeindruckende Anlagen, in denen sich jedoch die Natur vollkommen der Architektur unterzuordnen hatte. Strengen geometrischen Mustern folgte die Aufteilung der Flächen, in denen in Form geschnittene Buchseinfassungen und kunstvoll getrimmte Eiben ins Auge springen.

Ziel eines jeden Gärtners sollte es sein, den Weg zum individuellen Garten zu finden. Die Symbiose von Natur und Architektur steht im Mittelpunkt meines persönlichen Weges zum Garten. Sind doch für eine gelungene Gartengestaltung sowohl das Beachten der Wesenszüge der Natur als auch eine angemessene Architektur von Bedeutung. Als oberste Instanz für alle gärtnerischen Entscheidungen wird jedoch stets Mutter Natur fungieren. Sie gibt den Rahmen vor, in den sich jede gestalterische Maßnahme einzufügen hat. Diese grundsätzliche Entscheidung prägt die gesamte Gartenanlage. Dabei ist es einer der naturnahesten Gartenbereiche, auf den der erste Blick eines jeden Besuchers fällt. Ein Wildgarten nach den Vorbild der freien Natur macht sich im Bereich von Stellplätzen und Eingangshof breit.

Blumen-Schotter-Rasen: Roter Mohn setzt Akzente.

Bumenpracht statt Monotonie: Blumen-Schotter-Rasen

Zufahrten und Stellplätze für Autos durch Teer- oder Betonflächen zu versiegeln ist nicht nur ökologisch widersinnig, es ist dies wohl auch die langweiligste Art derartige Flächen zu gestalten.

Unsere Entscheidung fiel zu Gunsten eines Blumen-Schotter-Rasens aus. Dieser präsentiert sich als Schotterfläche, auf der die Einsaat einer Wildblumenmischung für trockene und magere Standorte erfolgte. Je nach Nutzung entwickelte sich der Bewuchs unterschiedlich. Auf stärker beanspruchten Flächen blieb die Vegetation niedrig, vor allem Thymian prägt das Bild. Auf Fahrbahnen wächst gar nichts. An weniger beanspruchten Stellen findet sich ein hochwachsender und blütenreicher Magerrasen. Karthäusernelke, Schafgarbe, Färberkamille und Storchschnäbel zeigen sich von ihrer schönsten Seite und machen einen Parkplatz zum Naturparadies. Strapazierbar und dabei pflegeleicht erweist sich der Blumen-Schotter-Rasen. Er muss kaum gemäht werden, ein einmaliger Schnitt im Herbst ist völlig ausreichend.

Heimische Flora statt Exoten: Wildblumenbeete

Mit Übergang der den Garagen vorgelagerten Parkfläche in einen innen liegenden Eingangshof wandelt sich das Gesicht der Bepflanzung, bleibt aber dem Anspruch »Wildgarten«

treu. Die begrünte Schotterfläche wird abgelöst durch Pflanzbeete, auf denen sich heimische Wildstauden und Naturgehölze ausbreiten. In sonniger Lage und auf durch Sandbeimischung abgemagertem Gartenboden, fühlen sich neben Königskerzen, Eselsdisteln und Malvenarten auch Feldthymian und Habichtskraut wohl. Fingerhüte dürfen sich ungehindert versamen. Naturnahe Gartenrosen und Wildrosen tragen und prägen das Bild rund ums Jahr. Einen hervorragenden Solitärstrauch von atemberaubender Schönheit bildet die reich blühende Strauchrose ›Marguerite Hilling‹. Ihre großen, ungefüllten rosa Blüten werden im Herbst von einer Fülle leuchtend orangeroter Hagebutten abgelöst.

Einen Blickfang ohne Gleichen stellt die einzigartige Ramblerrose ›Paul's Himalayan Musk‹ dar. In Wüchsigkeit und Blütenreichtum unübertroffen hüllt sie die Garagenwand in ein Meer aus zart lila-rosa Blüten. Und die kriechende Feldrose *Rosa arvensis* erobert mit ihren langen, dünnen Trieben ihre Umgebung. Als schattenverträgliche Rose verzaubert sie mit weißen Wildrosenblüten den Bereich unter einem Wildobstbaum, dem Speierling. Mit seiner stattlichen Erscheinung

Fingerhut (rechts) sowie
Wilde Malve und
Orangerotes Habichtskraut (oben)
bereichern Wildblumenbeete.

markiert er den Übergang von Schotterfläche und Pflanzbeeten.

In seiner Gesamtheit ist der Wildgarten ein Paradies für Vögel und Insekten. So stellen die Früchte heimischer Wildgehölze eine unverzichtbare Nahrungsquelle für unsere Vogelwelt dar. Und eine Vielzahl von Insekten, Bienen, Hummeln, Schmetterlingen und Käfern, verköstigt sich an den Blüten von Wildblumen.

Die Natur ist der Inbegriff allen Lebens. Sie ist unser Freund. Sie bietet Lebensraum für Pflanzen und Tiere. Aber sie ist auch unsere Heimat, die Heimat des Menschen. Lieben wir unsere Heimat und zollen wir ihr Achtung und Respekt. Der Wildgarten als Hommage an die Natur, verbannen wir ihn nicht auf eine uneinsichtige Ecke hinter dem Haus. Gerade im ländlichen Raum ist er prädestiniert den Übergang von Garten zu freier Natur auf eindruckvollste Art und Weise zu vollziehen.

Praxistipp – Praxistipp – Praxistipp

Anlage von Parkflächen und Fußwegen mit Blumen-Schotter-Rasen

1. Einbringung einer Tragschicht aus mindestens 20 Zentimeter Wandkies 0/X.
2. Deckschicht aus 10 Zentimeter Schotter der Korngröße 0/32.
3. Oberflächliche Einarbeitung einer maximal fünf Zentimeter starken Lage aus sterilem Kompost oder sterilem Humus. Abrütteln.
4. Einsaat einer Samenmischung für Blumen-Schotter-Rasen.

Wildpflanzen für Parkplätze und Wege

Gemeine Schafgarbe, Karthäusernelke, Heidenelke, Labkraut, Leinkraut, Gewöhnlicher Reiherschnabel, Kleines Habichtskraut, Brunelle, Färberkamille, Mauerpfeffer, Gewöhnlicher Thymian, Sandthymian, Rotes Straußgras, Schafschwingel, Rotschwingel u.v.m.

Stauden und Gehölze für sonnige Wildblumenbeete

Wilde Malve, Thüringer Strauchpappel, Schwertlilie, Eselsdistel, Wilde Karde, Königskerze, Wiesenflockenblume, Wiesensalbei, Ackerglockenblume, Orangerotes Habichtskraut, Thymian, Weinrose, Essigrose, Apfelrose, Hundsrose u.v.m.

Stauden und Gehölze für schattige Wildblumenbeete

Eisenhut, Akelei, Fingerhut, Aronstab, Pfirsichglockenblume, Gemswurz, Kriechender Günsel, Farne, Gewöhnlicher Seidelbast u.v.m.

> *Blumen sind die Lieblingsgedanken der Natur.*
>
> Bettine von Armin

Das Tor zum Garten

DER KÜBELPFLANZENHOF

**Unmittelbar vor der Haustür:
Südländisches Flair**

Es ist unumstritten, ob in früheren Zeiten oder heute, egal wie arbeitsreich der Tag einer Bäuerin sein mag, Zeit für Blumenschmuck am Haus musste und muss immer bleiben. Die Palette reicht von üppiger Balkonbepflanzung bis zu Blumentöpfen vor der Haustür. Und hier beginnt traditionsgemäß der ländliche Garten.

In unserem Fall präsentiert sich ein vierseitig geschlossener Hofraum als Kübelpflanzenhof. Große Gruppen von bepflanzten Terrakottatöpfen bestimmen das Bild, während eine Fläche aus Schotterrasen den Rahmen bildet. Durch ihre Kiesstruktur bietet sie zum einen Trittfestigkeit, zum anderen erzeugt sie durch ihr Grün eine natürlich ungezwungene Stimmung, die einen angenehmen Kontrast zur architektonischen Strenge der Gebäude darstellt.

Eine Vielfalt mediterraner Pflanzen bringt südländisches Flair. In einer bunt zusammengetragenen Mischung mehrjähriger Gewächse lassen die unterschiedlichen Blattstrukturen und Grüntöne die Sammlung lebhaft und spannend erscheinen. Die blaugrün-silbrigen, weidenähnlichen Blätter des Olivenbaumes schimmern neben dem großen, sattgrünen Blattwerk von Engelstrompete. Ein Feigenbaum mit knorrigem Wuchs und markant gelappten Blättern bildet den Mittelpunkt einer

Kübelpflanzenhof: *eine Sammlung mediterraner Topfpflanzen.*

Gesellschaft aus Oleander, Enzianstrauch und Zitrusarten. Zu Kugeln geformter Buchs und Bauernlorbeer gibt der ansonsten zwanglosen Gestaltung Halt und Ruhe.

Für harmonische Wirkung sorgt zudem eine große Zurückhaltung im Umgang mit Blütenfarben. Neben Pflanzen, die allein durch ihr Blattwerk wirken (Lorbeer, Feige, Olive, Buchs), erzeugen die zarten Töne blühender Engelstrompeten, Oleander und Granatapfelbäumchen eine heitere Stimmung. Auf die breite Palette farbintensiver, einjähriger Blühpflanzen wurde bewusst verzichtet. Lediglich großblumige Bauerngeranien setzen mit ihren Rottönen Akzente. Ein Zuviel an Formen und Farben beeinträchtigt die Großzügigkeit und letztendlich die Ge-

samtwirkung einer Pflanzenkombination. Das Auge des Betrachters würde durch die ausgestrahlte Unruhe und Reizüberflutung schnell ermüden.

Pflanzen für den ländlichen Topfgarten

Die Engelstrompete zählt zu den auffallendsten und zugleich wüchsigsten Kübelpflanzen. Das Farbspektrum der eindrucksvollen, trompetenförmigen Blüten reicht von weiß, über gelb bis zu Apricottönen. In den Abendstunden verströmen sie einen betörenden Duft. Die großen Blätter der strauchförmigen Pflanze sind von sattem Grün.

Engelstrompete Brugmansia spec.

Olivenbaum
(Olea europaea)

Wie kein anderes Gewächs versteht es der Olivenbaum das Flair mediterraner Landschaften vor die Haustür zu zaubern. Mit einer erreichbaren Höhe von über zwei Metern gehört er zu den stattlichsten Kübelpflanzen. Während Olivenbäume besonders durch das Leuchten ihres blaugrün-silbrigen Laubes beeindrucken, blühen und fruchten sie in unseren Breiten kaum.

Feigenbaum
(Ficus carica)

Eine wahrlich prächtige Erscheinung stellt die Echte Feige im Kübel dar.

Markant gelappte, handförmige Blätter von sattem Grün und knorriger Wuchs machen den Baum einmalig. Die Blüten der Feige sind unscheinbar. Jedoch setzt die Pflanze im Herbst in den Blattachseln kleine Früchte an, die mit etwas Glück überwintern und im nächsten Sommer ausreifen.

DER KÜBELPFLANZENHOF

Lorbeer
(Laurus nobilis)

Granatapfel
(Punica granatum)

Der in der Mittelmeerregion beheimatete Lorbeer zählt zu den immergrünen Gehölzen. Besonders in Form geschnittene Kugelbäume stellen eine majestätische Erscheinung dar. Das eiförmige, derbe und dunkelgrüne Laub ist in der Küche als Gewürz verwendbar.

Um eine wahrlich biblisch Pflanze handelt es sich beim Granatapfel. Bereits bei Griechen und Römern wurde er nicht nur als Nutzpflanze kultiviert, sondern spielte auch eine Rolle als Fruchtbarkeitssymbol. Obwohl sich der Granatapfel als dankbare Kübelpflanze erweist, findet er leider immer noch zu wenig Beachtung. Der langsam wachsende Busch mit den kleinen lanzettförmigen Blättern schmückt sich während der Sommermonate mit feuerroten Blüten. Die Blätter färben sich beim Austrieb bronzefarben und im Herbst leuchtend gelb. Mit etwas Glück machen kleine Granatäpfelchen den winterkahlen Strauch auch in dieser Jahreszeit zum Schmuckstück.

Praxistipp – Praxistipp

*Kübelpflanzen im Winter:
zu schade zum Verstecken.*

Die artgerechte Überwinterung von Kübelpflanzen

Die meisten unserer Kübelpflanzen sind wärmeliebende »Südländer«, die vor Frost geschützt werden müssen. Während Olive, Lorbeer, Feige, Oleander und Granatapfel kurzfristig einige Minusgrade vertragen, müssen Zitrusarten, Engelstrompete und Solanumarten vor jeglicher Frosteinwirkung geschützt werden.

Grundsätzlich sollten die Pflanzen möglichst lange im Freien bleiben, da sie der Aufenthalt im oft nicht optimalen Winterquartier schwächen kann. Luftig, hell und kühl sind die idealen Bedingungen während der winterlichen Ruhezeit. Manche laubabwerfenden Gewächse kommen jedoch auch mit einem dunklen, kühlen Quartier zurecht (z. B. Granatapfel, Feige, Engelstrompete).

Traditioneller Mittelpunkt: Der Hausbaum

Den Mittelpunkt des Hofraumes bildet ein Walnussbaum, der in Fortführung alter bäuerlicher Tradition als so genannter Hausbaum gepflanzt wurde. Gleich einem »Schutzpatron« steht ein solch markanter Einzelbaum auch heute noch in unmittelbarer Nähe vieler Gehöfte.

Während prinzipiell jeder Baum als Hausbaum geeignet ist, sollte man doch den Laubbäumen den absoluten Vorzug einräumen. Wirken sie doch wesentlich lebendiger als Nadelbäume, die besser in den Wald passen. Zu jeder Jahreszeit ändert sich ihr Gesicht. Sind sie während des Sommers angenehmer Schattenspender, lassen sie doch während der dunklen Wintermonate die begehrten Sonnenstrahlen ungehindert durchdringen. Entscheidet man sich für einen Obstbaum, etwa für einen hochwüchsigen Apfel- oder Birnbaum, kann man sich zudem über schmackhafte Früchte freuen. Vorausgesetzt es steht genügend Platz zur Verfügung, sollte die Wahl jedoch auf einen der typischen, mächtigen Hausbäume wie Linde, Kastanie oder Walnuss fallen.

Der in früheren Zeiten neben vielen Gehöften zu findende Walnussbaum ist ein idealer Schattenspender und wehrt durch den strengen Geruch lästige Fliegen und andere Insekten ab. Über dessen wohlschmeckende Nüsse freuten und freuen sich die Kinder vor allem zur Weihnachtszeit.

Walnussbaum (Juglans regia)

Ein Rahmen für den Garten

DIE OBSTWIESE

Tradition über Jahrtausende: Obstbau

> *Bäume sind Heiligtümer.*
> *Wer mit ihnen zu sprechen*
> *und ihnen zuzuhören weiß,*
> *erfährt die Wahrheit.*
>
> Hermann Hesse

Neben dem Gemüsegarten ist der Obstgarten traditionell das zweite Standbein des bäuerlichen Nutzgartens. Dabei haben die Menschen den Bäumen in früheren Jahrhunderten große Achtung entgegengebracht. Der Baum wurde als Lebewesen und Freund betrachtet. So pflanzte man auch zu bestimmten Anlässen, wie zu Hochzeiten oder zur Geburt eines Kindes einen Baum. Dieser »Schicksalsbaum« sollte die jungen Menschen auf ihrem weiteren Lebensweg begleiten.

Im Gegensatz zu vielen Pflanzen, die nur vorübergehende Gäste in den Gärten sind, vermitteln langlebige Obstgehölze ein Gefühl von Beständigkeit. Ob in blühendem Zustand, reich behangen mit Früchten, oder überzuckert mit winterlichem Raureif, sie stellen zu jeder Jahreszeit eine Bereicherung dar und geben dem Garten Struktur.

Obstplantagen galten bereits in der Antike als Statussymbol. In römischen Gärten gediehen neben Feigen und Weinreben auch Äpfel-, Birn- und Kirschbäume. Den Römern war bereits die Kunst der Veredelung (Pfropfung) bekannt. Diese Fertigkeiten sowie ihre eigenen Obstsorten brachten sie im Zuge der Eroberung Südgermaniens mit über die Alpen.

Im Mittelalter widmete man sich besonders in den im Rahmen der Christianisierung gegründeten Klöstern einer gezielten Auslese und Züchtung von Obstsorten, und sorgte für deren Verbreitung. Eine immense Anzahl an Sorten, mit oft nur regionaltypischer Bedeutung, entstand. Leider ist heute ein starker Trend hin zur Vereinheitlichung spürbar, der bereits zum Verlust eines Großteils dieser faszinierenden Vielfalt geführt hat.

Gruppen von Hochstamm-Obstbäumen umgaben über Jahrhunderte hinweg jeden Bauernhof und prägten das Gesicht der Dörfer. Ihnen gegenüber nehmen sich moderne Buschformen geradezu armselig aus, obwohl man ihnen als »Notlösung« für kleinste Gärten durchaus eine gewisse Berechtigung einräumen sollte.

Erntesegen im Herbst.

Obstwiese: Hochstammobstbäume bestimmen das Bild.

Ein Stück ländliche Ungezwungenheit: Unser Obstgarten

Verlassen wir den durch Gebäude begrenzten Vierseithof Richtung Osten bzw. Norden, so finden wir uns auf einer bäuerlich anmutenden Obstwiese wieder. Sie ist prägend für den Charakter des Gartenlandes, welches das Gehöft umgibt und bildet den optischen Rahmen für weitere hier eingelagerte Gartenteile (Gemüsegarten, »Ewiger Garten«). Die teilweise architektonische Strenge und Formalität des Hofraumes geht über in eine freiere, natürliche Gestaltung. Unter Obstbäumen wächst saftiges Gras. Ein Meer aus weißen Margariten zeugt vom Charme ländlicher Gartenkultur. Diese Wiese, mit ihrer Vielfalt an Gräsern, Kräutern und Blumen, bildet ein Biotop für sich und bietet zahlreichen Tieren eine Heimat. Gemäht wird sie erstmals im Hochsommer, wenn das Gras trocken wird und die Pflanzen Gelegenheit hatten sich auszusamen.

Gemäß historischem Vorbild sind Hochstammbäume das bestimmende Element in diesem Baumgarten. Apfel- und Birnbäume finden sich neben Kirsch- und Zwetschgenbäumen wieder. An Beerenobst sind Johannisbeeren, Stachelbeeren und Brombeeren hier zuhause. Nur wenige blühende Sträucher runden das Bild ab. Um Schlichtheit und Großzügigkeit dieses Gartenteils zu bewahren, wurden lediglich einige Fliederbüsche und Holunder gepflanzt. Spalierobst und Weinreben am Haus sorgen für ein Zusammenwachsen von Natur und Gebäuden.

Apfel, Birne & Co.: Historische Obstsorten für den naturgemäßen Garten

Die faszinierende Vielfalt alter Obstsorten war Grund genug, uns bei der Sortenwahl ausschließlich auf historische Vertreter zu besinnen. Diese haben sich über Generationen, ja sogar über Jahrhunderte hinweg, bewährt. Sie sind robust, oft frostunempfindlicher und weniger krankheitsanfällig als moderne Züchtungen, beste Vorraussetzungen für gesunde, langlebige Bäume. Eine reiche Palette an

DIE OBSTWIESE 21

*Weinreben (oben) und **Spalierbirnbaum** (unten): Gebäude und Garten wachsen zusammen.*

Formen, Farben und Geschmacksrichtungen lässt die Ernte jedes Mal zum Erlebnis werden. Und gelegentliche »Schönheitsflecken« stellen keinen Makel dar, sondern sind vielmehr ein Qualitätsmerkmal. Handelt es sich hier doch um ungespritzte und schmackhafte Früchte.

Praxistipp – Praxistipp

Empfehlenswerte alte Apfelsorten

- ›Jakob Fischer‹
- ›Berlepsch‹
- ›Blenheimer Reinette‹
- ›Roter Boskoop‹
- ›Kaiser Wilhelm‹
- ›Winterrambour‹
- ›Ontario‹

Empfehlenswerte alte Birnensorten

- ›Gellerts Butterbirne‹
- ›Köstliche von Charneau‹
- ›Gute Graue‹
- ›Vereinsdechantsbirne‹
- ›Doppelte Philippsbirne‹

›Kaiser Wilhelm‹

Sehr guter Tafelapfel, mit Baumreife Mitte Oktober. Genussreife ab Anfang Dezember. Haltbarkeit bis März. Die Früchte sind zur Reifezeit intensiv gerötet und von würzigem Geschmack. Der starkwüchsige Baum bildet eine große, breite Krone.

›Kaiser Wilhelm‹

›Köstliche von Charneau‹

Köstliche Tafelbirne mit Reifezeit Oktober bis November. Fruchtfleisch saftig, schmelzend und würzig im Geschmack. Der Baum wächst stark und bildet eine schmale Krone.

›Köstliche von Charneau‹

Das Herz

DER BÄUERLICHE KÜCHENGARTEN

Nutzen und Zierde:
Das Wesen des bäuerlichen Küchengartens

Bereits seit dem Mittelalter lässt sich eine Zweiteilung des Bauerngartens in Baumgarten und Gemüseland belegen, zwei Gartenteile, die bis dato die tragenden Elemente eines bäuerlich gestalteten Gartens bilden. Der Gemüsegarten der Bauern, wird in meiner bayerischen Heimat schlicht das »Gartl« genannt. Spricht man heute vom Bauerngarten, hat man in erster Linie das Bild jenes umzäunten Gärtchens mit seiner Vielfalt an Gemüsen, Kräutern und Blumen vor Augen. Es handelt sich dabei um einen Nutzgarten, wie er sich in früheren Zeiten in unmittelbarer Nähe eines jeden Bauernhauses befand. Einen Nutzgarten, der ganz einfach viel für den täglichen Bedarf der bäuerlichen Familie hergeben musste. Geprägt von der Lebensart der Landbevölkerung entstanden Gärten, in denen Schlichtheit und Funktionalität mit vielfältigstem Pflanzenreichtum gepaart ist.

    Haben sie über lange Zeit hinweg das Gesicht unserer Dörfer ganz wesentlich mitbestimmt, sind sie heute leider eher selten geworden, die echten, ursprünglichen »Gartl«.

> *Ein Stück Land zu besitzen, es mit der Hacke zu bearbeiten, Samen auszusäen und deren Erneuerung des Lebens zu beobachten – dies ist die am meisten verbreitete Freude des Volkes, die befriedigendste Sache, die ein Mensch tun kann.*
>
> Charles Dudley Warner

Warum eigentlich? Spiegelt sich hier doch die Gartenkultur vergangener Tage auf eindruckvollste Art und Weise wider, hier finden wir Nutzen und Zierde in vollendeter Harmonie.

***Der bäuerliche Küchengarten heutiger Tage:** Schlichtheit in der Gestaltung und Vielfalt in der Bepflanzung stehen keinesfalls im Widerspruch.*

Ist der Bauerngarten im 21. Jahrhundert, in einer Zeit, in der die Suche nach Werten, die Sehnsucht nach einem naturverbundenen Leben, und nicht zuletzt der Wunsch nach einer Ernährung mit frischen, unbelasteten Produkten, immer größer wird, nicht zeitgemäßer denn je?

DER BÄUERLICHE KÜCHENGARTEN

Der Zaun unterscheidet Gartenland und freie Flur.

Architektonische Elemente nach historischem Vorbild: Die Gestaltung des Gartens

Der Begriff »Garten«

Als vor über 5000 Jahren unsere Vorfahren sesshaft wurden, begann die Entstehungsgeschichte des Bauerngartens. Die Menschen machten ein Stückchen Land zu ihrem Privateigentum, grenzten es durch einen Zaun von der freien Natur ab, um in dessen Schutz Nahrungspflanzen für ihre tägliche Versorgung zu kultivieren. Der Begriff stammt aus dem Indogermanischen und bedeutet so viel wie einfassen oder einfrieden. Und so definiert der Begriff »Garten« seit jeher ein von einem Zaun begrenztes Fleckchen Erde. Im späten Mittelalter wurde ein Garten als solcher nur dann rechtlich anerkannt, wenn er von einem Zaun umgeben war und stand in der Folge unter besonderem Schutz. Unbefugte hatten hier nichts verloren, Diebstähle standen unter Strafe.

Kein Garten ohne Zaun

Und bis heute sind Einfriedungen die wichtigsten Gestaltungselemente bäuerlicher Gartenanlagen geblieben. Eindringlinge vom Garten fern halten war und ist ihre vorrangige Aufgabe. Ihre Erscheinungsform hat sich dabei jedoch über die Zeiten hinweg immer wieder verändert. So dürften die ersten Gärten der Germanen in vorchristlicher Zeit denkbar einfache Zäune aus in den Boden gesteckten Gerten oder Ruten gehabt haben. Aus ihnen entstanden mit zunehmender Bedeutung eines gezielten Nutzpflanzenanbaus die stabileren Flechtzäune. Durch senkrecht im Boden stehende Holzpfähle wurden Ruten aus Hasel oder Weide geflochten. Zäune aus derartigen Materialien sind nicht sehr haltbar und kommen deshalb heute als dauerhafter Gartenzaun kaum in Betracht.

Für einfache Unterteilungen innerhalb des Gartens, als auch für Stützen und Rankgerüste, sind sie allerdings gut einsetzbar. Sie harmonieren wunderbar mit den Pflanzen und verleihen dem Garten einen natürlich-ländlichen Charme. Eine Weiterentwicklung von Flechtzäunen stellen Staketen- oder Hanichlzäune dar. Diese sind auch heute noch eine Bereicherung jeder Gartenanlage. Zaunpfosten aus Holz werden mit zwei waagerechten Querhölzern verbunden, an denen senkrecht – meist halbierte – Fichtenstangen (Hanichl) befestigt werden. Solche Hanichl sind meist ungeschält, auf jeden Fall aber unbehandelt. Eine Einfriedung aus natur belassenem, unbehandeltem Holz besitzt die Fähigkeit mit Wurde zu altern. Durch ihre natürliche Patina wirkt sie lebendig und einladend und fügt

DER BÄUERLICHE KÜCHENGARTEN

sich mit großer Selbstverständlichkeit in die Umgebung ein.

Dem Vorbild ursprünglicher Bauerngärten folgend, haben auch wir unseren Garten mit einem Zaun umgeben. Wir waren bemüht, einen Zaun zu schaffen, der aus natürlichen Materialien gefertigt ist. Wir entschieden uns für unbehandelte Rundholzstangen, getragen von filigranen Eisensäulen. Es entstand ein Zaun, der sich durch eine luftige, dezente Erscheinung in die Umgebung einfügt und sich durch eine moderne Optik an die Architektur unseres Hauses anpasst.

Besondere Bedeutung wird meiner Meinung nach der Tatsache zugemessen, dass ein Zaun stets nach außen bepflanzt sein sollte. Dadurch gibt man dem Garten die Möglichkeit, nach außen auszuklingen, und eine Einfriedung wird viel weniger als abweisende Barriere empfunden. So eine Bepflanzung kann dabei unterschiedlichsten Charakter haben. Ob nun eine Rose den Zaun in ein Blütenmeer verwandelt, sich eine illustre Kräutergemeinschaft breit macht, oder eine Reihe Himbeeren hier ihre Stütze findet, ein Zaun wird auf diese Art und Weise allemal zum Schmuckstück.

Bepflanzungen am Zaun lassen den Garten nach außen ausklingen und integrieren ihn in die Natur.

Klostergarten auf der Insel Frauenchiemsee.

Ordnung im Garten

Werfen wir heute einen Blick über den Gartenzaun, hinein in alte Bauerngärten, werden wir feststellen, dass diese Gärten immer ein einfaches und klares Ordnungsschema aufweisen. Sie sind und waren ihrem Wesen nach immer Nutzgärten, geprägt von praktischen Überlegungen. Einfachheit und eine manchmal fast streng anmutende Aufteilung sind bis heute als Grundelemente erhalten geblieben, obwohl der bäuerliche Garten über die Jahrhunderte hinweg von diversen Stilrichtungen beeinflusst wurde. Trotz des Reizes kunstvoll gestalteter Gartenanlagen, ornamentaler Beetformen und Rondelle, ist es wesentlich sinnvoller einen solchen Garten äußerst schlicht zu gestalten. Sind es doch gerade Geometrie und Symmetrie, die einen Ausgleich zum scheinbar »chaotischen« Durcheinander von Kraut und Rüben schaffen, die Klarheit und Übersicht bringen sowie optisch Ruhe und Ordnung vermitteln.

Lag von Anbeginn an der alleinige Sinn des Gartens darin, die Ernährung seines Besitzers zu sichern, war dessen optische Gestaltung folglich zweitrangig. So waren es erstmals die im Mittelalter entstandenen Klostergärten, die die Gestaltung der bäuerlichen Gärten nachdrücklich beeinflussten. Nicht nur von der faszinierenden Pflanzenwelt, sondern auch von der geordneten Anlage dieser Gärten dürfte so manche Bäuerin beeindruckt gewesen sein. Zwei Hauptwege, die sich in der Form des heiligen Kreuzes begegnen, im Schnittpunkt ein Brunnen, Rondell oder ein Baum, ist das grundlegende Architekturprinzip des Klostergartens. Für viele Bürger- und auch manche Bauerngärten, wurde es zum Vorbild, das bis in die Gegenwart hinein wirkt.

Nach den Wirren des Dreißigjährigen Krieges etablierte sich ein neuer Kunststil, der Barock. Der französische »Sonnenkönig« *Ludwig XIV* setzte mit dem Bau seines Schlosses in Versailles neue Maßstäbe. Es entstand ein kolossales Barockschloss mit einem repräsentativen, architektonisch geprägten Garten. Ein Garten, in dem sich die Natur der Architektur unterzuordnen hatte. Prägend wurden in Form geschnittene Gehölze, wie Eiben sowie Ornamente und niedrige Beeteinfassungen aus sorgsam geschnittenem Buchs. In Zukunft sollte die Idee des »noblen« Gartens von Versailles nicht nur zum Vorbild für Klostergärten, für die Gärten von Fürsten und reichen Bürgern werden. Auch in so manchem Bauerngarten fand sich ein Abglanz der barocken Gärten wieder.

Leider wird heute nicht selten die Meinung vertreten, ein Bauerngarten müsse nun auch so aussehen.

Dabei waren es früher die wenigsten dieser Gärten, die diesem Bild entsprachen. Nur in den großen Gärten der reichen Bauern fand sich solcher Luxus. Man kann heute selbstverständlich einen Garten nach diesem Vorbild anlegen, wobei gerade Buchseinfassungen als äußerst dekorativ gelten. Zwingend ist dies jedoch auf keinen Fall. Im Gegenteil, echter und ursprünglicher wirkt dieser Garten, wenn man ihn unabhängig vom heutigen Bauerngartenklischee möglichst schlicht gestaltet.

Diese Schlichtheit sollte auch bei der Ausgestaltung der Wege bestimmend bleiben. Ein Netz geradliniger Wege durchzieht den meist quadratischen oder rechteckigen Gemüsegarten, wobei nicht alle Wege gleich wichtig sind. Hauptwege können breit und mit Pflastersteinen befestigt sein. Die davon abgehenden Pfade sind allerdings schmal und in der Regel einfache Trampelpfade aus festgestampfter Erde. Solche Pfade kosten nichts und stellen keine unnötige Platzverschwendung dar. Zwei Gründe, die sie zu den typischen Wegen in alten Bauerngärten werden ließen. Wer ein mögliches Aufweichen solcher Pfade bei anhaltendem Regen befürchtet, kann sie mit einem Belag aus Stroh versehen. Es saugt die Feuchtigkeit auf und wirkt ländlich-rustikal. Abzuraten ist dagegen von Rindenmulch. Diese Abfallprodukte der Holzindustrie sind nicht selten mit Pestiziden belastet, verbreiten unangenehmen Geruch und laugen den Boden aus.

Mein Garten hat ein denkbar einfaches Ordnungsschema aufzuweisen. Das viereckige, leicht trapezförmige Gartenland wird von einem 60 Zentimeter breiten, mit alten Pflastersteinen befestigten Weg umgeben. Ein weiterer Hauptweg teilt diese Fläche in zwei Teile, die wiederum durch schmälere, geradlinige Wege in jeweils fünf gleichmäßige Beete unterteilt werden. Im Gegensatz zum umgebenden Weg sind die Wege innerhalb dieses Bereichs unbefestigte, mit der Hacke gezogene Pfade, die jedes Frühjahr neu angelegt werden.

Stützen und Rankgerüste: *Haselruten vermitteln ländliche Ungezwungenheit und mildern die architektonische Strenge echter Bauerngärten.*

Mischkulturen nach dem Vorbild der Natur: Die Bepflanzung des Gartens

Warum Mischkultur?

Was liegt näher, als sich bei der Bewirtschaftung eines naturgemäßen Gartens am Vorbild der Natur zu orientieren? Gehen wir mit offenen Augen durch die Landschaft, werden wir bald erkennen, egal ob im Wald oder auf freier Flur, dass sich überall eine vielfältige Pflanzengemeinschaft gebildet hat. Alle Pflanzen leben miteinander und voneinander. Weder Monokulturen, noch unbedeckter Boden sind anzutreffen.

Das wohl anschaulichste Beispiel für eine funktionierende, auf Partnerschaft ausgerichtete Pflanzengesellschaft bietet der Lebensraum Wald. Hier finden wir auf engem Raum verschiedene Pflanzen mit unterschiedlichen Wuchsformen. In Bodennähe findet man Pilze, Moose, Farne, Walderdbeeren usw. Eine Etage höher ist der Lebensraum von Sträuchern, wie z. B. Holunder und Heckenrosen. Die oberste Etage bildet die Baumschicht mit Laub- und Nadelbäumen. Alle Pflanzen wachsen miteinander und doch hat jede Pflanzenart den nötigen Lebensraum – sprich ihre Etage – zur Verfügung. Wie stark dabei der Einfluss einer Pflanze auf die andere sein kann, wird deutlich, wenn wir wissen, dass der Wald z. B. ohne Pilze überhaupt nicht lebensfähig wäre und wiederum die Pilze die Bäume zum Leben brauchen. Auch hinsichtlich der Wachstumszeiten ergänzen sich die Gewächse. So ist das zeitige Frühjahr Wachstums- und Blütezeit der in Bodennähe gedeihenden Buschwindröschen, Leberblümchen usw. Später, wenn Bäume und Sträucher wieder treiben, der Wald dichter und das Licht weniger wird, haben diese Pflanzen ihre Hauptvegetationszeit bereits hinter sich. Nun spenden ihnen die Bäume Schatten, verhindern ein Austrocknen des Bodens und gewähren sogar im Herbst Schutz durch eine wärmende Laubdecke.

Bepflanzen wir einen Küchengarten als Mischkulturengarten, so orientieren wir uns an diesen grundsätzlichen Vorbildern der Natur. Wir versuchen Pflanzengemeinschaften zu schaffen, in denen sich die Nachbarschaft auf die jeweiligen Partnerpflanzen positiv auswirkt. Anders ausgedrückt: die Pflanzen müssen ganz einfach »gute Nachbarn« sein, gegenseitige Wachstumsförderer, »Schädlings«- und Krankheitsabwehrer. *Gertrud Franck*, Pionierin auf dem Gebiet der Mischkulturen, fasst das Wesen dieser Anbaumethode in folgender Aussage zusammen: »So fragen wir uns nicht mehr: Welches Mittel gegen welche Krankheiten? Welches Mittel zur Regulierung dieser oder jener »Schädlinge«? Die Frage lautet bei unserer Mischkulturenmethode: Welche Pflanze wird sich in welcher Nachbarschaft wohl fühlen? In welcher Nachbarschaft können ihre »Schädlinge« abgewehrt und ihr Krankheiten verhindert werden?«

Wir müssen folglich im Mischkulturengarten gezielt positive Nachbarschaften verwirklichen und negative verhindern. Es ist durchaus legitim sich in diesem Zusammenhang an den langjährigen Erfahrungen und Aufzeichnungen versierter Gärtner zu orientieren. Mischkulturentabellen sind eine unerlässliche Hilfe für jeden, der erste Erfahrungen auf diesem Gebiet sammeln möchte. Ist das Gärtnern nach dieser Methode sicher eine Sache von sehr viel Erfahrung, erfordert es aber etwas Mut zum persönlichen Experiment. Dabei wäre es vermessen das Einhalten von Mischkulturregeln als alleinige und ausschließliche Garantie für gärtnerische Erfolge anzusehen. Sind es doch eine Vielzahl von Faktoren, wie z.B. etwa Boden- und Witterungsverhältnisse, die auf das Wachstum der Pflanzen einwirken. Der Anbau nach den Regeln der Mischkultur ist aber ein nicht zu unterschätzender Beitrag im Bemühen um gute Wachstumsbedingungen.

Diese Methode ist keine Erfindung heutiger Tage. Zeigt doch die üppige Pflanzenvielfalt alter Bauerngärten bereits praktizierte Mischkultur. Gemüse, Kräuter und Blumen wachsen in unmittelbarer Nachbarschaft. In solch einer bunten Mischung haben im Gegensatz zu Monokulturen, »Schädlinge« und Krankheiten weit weniger Chancen sich auszubreiten. Zudem werden dem Boden nicht einseitig Nährstoffe entzogen. Kräuter und Blumen sorgen für Artenvielfalt und locken Bienen und andere Insekten an. Nicht nur altbewährte Gemüsearten und -sorten haben Bäuerinnen schon immer erhalten, auch ihre Erfahrungen die Nachbarschaft verschiedener Pflanzenarten betreffend, wurde von Generation zu Generation weitergegeben.

Vielfältige Pflanzengemeinschaften nach dem Vorbild der Natur: *Gemüse, Kräuter und Blumen wachsen auf engstem Raum und fühlen sich wohl.*

Mischkultur in der Gartenpraxis

Mein Gemüsegarten ist in Beete mit etwa 1,40 Meter Breite unterteilt. Auf diesen wird die Mischkultur als Reihenkultur durchgeführt. Eine Methode, die sich in der Praxis bestens bewährt hat. Durch große Überschaubarkeit wird die Einhaltung von Pflanzabständen und Fruchtfolgen erleichtert. Jedes Beet wird mit bis zu fünf Reihen unterschiedlicher Gemüse und Kräuter bepflanzt, wobei darauf geachtet wird, dass sich die Nachbarn »gut riechen« können. Pflanzen beeinflussen sich gegenseitig durch ihre Duftstoffe und Wurzelausscheidungen, eine mittlerweile allgemein anerkannte Tatsache. Selbstverständlich sind auch Wuchsformen, d.h. letztendlich der Platzanspruch der jeweiligen Gewächse sowie deren Wachstumszeiten zu berücksichtigen.

Mischkultur als Reihenkultur.

Bestimmend für ein Mischkulturenbeet in meiner Garten ist jeweils eine so genannte Leit- bzw. Hauptkultur. Es handelt sich dabei um eine Gemüseart mit hohem Platzbedarf und zudem langer Vegetationszeit. Als Beispiele für derartige Kulturen sind Tomaten, Gurken oder Stangenbohnen zu nennen. Einer Reihe Hauptkulturpflanzen wird – meist beidseitig – entsprechend den Regeln der Mischkultur einer Reihe mit Partnerpflanzen zugeordnet. Hinsichtlich Platzanspruch und Wachstumsdauer ordnen sich diese Gewächse der Leitkultur unter. Geeignet sind Möhren, Erbsen, Rote Bete und vieles mehr. Diese kompakteren Kulturen orientieren sich hin zum Beetrand, während die sich ausbreitende Hauptfrucht in der Beetmitte angesiedelt ist. Bleibt die Hauptkultur im Allgemeinen eine ganze Saison über auf dem Beet, werden die Nachbarreihen zweimal oder öfter im Jahr mit unterschiedlichen Pflanzenarten bestellt. Zwischen all diesen Reihen finden gegebenenfalls noch schnell wachsende Kulturen, wie Salate oder Radieschen einen Platz. Sie haben das Beet wieder geräumt, bevor ihre Nachbarn mehr Raum beanspruchen.

Gezielt werden von einander differierende Wachstumszeiten der verschiedenen Pflanzenarten ausgenützt sowie deren unterschiedliche »Lebensräume« in die Planung mit einbezogen. Die Kombination von flach- und tiefwurzelnden Gewächsen, von Gewächsen deren Platzanspruch vorwiegend oberirdisch ist, mit Wurzelgemüsen, die tiefer liegende Erdschichten nutzen, ermöglicht eine äußerst dichte Bepflanzung von Mischkulturbeeten. So gelingt die Erzielung von höchsten Erträgen auf kleinster Fläche. Unterschiedliche Reifezeiten der Pflanzenarten haben zur Folge, dass ein Mischkulturenbeet die ganze Gartensaison über bewachsen ist. Es entstehen nie große leere Flächen, wodurch eine gute Beschattung des Bodens garantiert ist. Solch ein geschützter Boden wird leichter in gutem Zustand erhalten und bietet die Grundvoraussetzung für optimales Wachstum.

Verschiedene Pflanzenarten haben unterschiedliche Nährstoffansprüche. Man spricht von Starkzehrern, also »Dünger fressenden« Pflanzen wie Tomaten, Gurken, Kohl, Mais oder Sellerie. Zu den mittelzehrenden Gewächsen rechnet man die etwas genügsameren Wurzelgemüse, wie z. B. Salate und Zwiebeln, während Hülsenfrüchte zu den Schwachzehrern zählen. Sie kommen nicht nur mit geringsten Nährstoffmengen zurecht, sondern sammeln sogar mit Hilfe von Knöllchenbakterien Stickstoff aus der Luft und hinterlassen nährstoffreichen Boden. Um eine möglichst optimale Ausnutzung vorhandener Nährstoffreserven zu erreichen, sollte auf den Anbau von Starkzehrern im Folgejahr die Kultur von Mittel- bzw. Schwachzehrern und umgekehrt erfolgen.

Alle Pflanzen hinterlassen im Boden ihre Ausscheidungen. Die wenigsten von ihnen stehen dabei gerne im eigenen »Mief«. Eine solche Ausnahme bilden Tomaten, die allgemeinen Erfahrungen zufolge, gut an immer der gleichen Stelle gedeihen. Andere Pflanzen wiederum würden darunter sichtbar leiden. So wird Petersilie niemals am selben Platz wie im Vorjahr zufrieden stellend wachsen.

Auch für Hülsenfrüchte (Erbsen, Bohnen) sowie Gänsefußgewächse (Mangold, Rote Bete) sind mehrjährige Pflanzabstände zu empfehlen. Eine zu enge Fruchtfolge begünstigt Mangelerscheinungen und leistet stets der Entstehung von Krankheiten und Ausbreitung von »Schädlingen« Vorschub. Da »Schädlinge« meist bestimmte Pflanzenarten bevorzugt befallen, ist es auf jeden Fall sinnvoll auf einem Beet Vertreter verschiedener Pflanzenfamilien aufeinander folgen zu lassen.

Im Mischkulturengarten wird die Einhaltung der Fruchtfolgegesetze aufgrund einer zu hohen Komplexität in der Kombination beider Systeme nicht immer hundertprozentig gelingen. Grundsätzlich ist eine möglichst weite Fruchtfolge auch hier positiv zu bewerten und anzustreben. Sie ist jedoch nicht von derart entscheidender Bedeutung wie im Falle von Monokulturen. Durch eine vielfältige Pflanzengemeinschaft auf engem Raum wird einseitiger Bodenbeanspruchung und der Gefahr von Bodenmüdigkeit bereits weitgehend vorgebeugt. Außerdem wird einer unkontrollierten Ausbreitung von »Schädlingen« und Krankheiten wirksam begegnet.

Beispiele guter Partnerschaft

Eine wechselseitige Beeinflussung unter Pflanzen ist heute in Fachkreisen unumstritten. Dennoch ist es aufgrund vielfältiger Faktoren, die auf das Wachstum von Pflanzen einwirken, nicht einfach für die positiven Eigenschaften einzelner Pflanzennachbarschaften einen wissenschaftlichen Beweis zu führen. So sind es letztendlich Experimentierfreude und langjährige Erfahrungen mehrerer Gärtnergenerationen, die die Mischkulturenmethode zum wesentlichen Bestandteil biologischen Gärtnerns gemacht haben.

Die folgenden Beispiele für gute Nachbarschaften sind Mischkulturkombinationen, die ich seit Jahren in meinem Küchengarten pflege. Es handelt sich um nach allgemeinen Erkenntnissen bewährte Partnerschaften, deren positive Wirkung sich jedoch auch durch meine persönlichen Erfahrungen bestätigen lässt. Es findet sich hier die klassische Kombination von Möhren und Zwiebeln; Kohl wächst in friedlicher Eintracht mit Sellerie und Petersilie beschattet den Fuß von Tomaten. Die Möglichkeiten für die Zusammenstellung günstiger Nachbarschaften scheinen schier unendlich zu sein und bieten für jeden Experimentierfreudigen ein großes Feld zum Sammeln eigener Erfahrungen. Gärten unterscheiden sich hinsichtlich Bodenstruktur und klimatischer Bedingungen. So werden Zusammenstellungen, die sich in einem Garten bewährt haben, im nächsten nicht zwangsläufig zu zufrieden stellenden Ergebnissen führen. Die Nutzung von persönlichen Beobachtungen ist der beste Weg zum gärtnerischen Erfolg. Ein erfahrener Mischkulturengärtner wird basierend auf seinen Erkenntnissen ein individuelles, auf seinen Garten abgestimmtes System von Mischkulturen entwickeln. Dabei sollten die Kulturen selbstverständlich nicht nur von Beet zu Beet, sondern von Reihe zu Reihe wechseln. Gegebenenfalls werden sich sogar innerhalb solcher Reihen unterschiedliche Gewächse finden.

Man beachte, dass es eine – wenn auch geringe – Reihe von Pflanzenkombinationen

Nachbarn für die Mischkultur

	Gute Nachbarn	Schlechte Nachbarn
Buschbohnen	Tomaten, Rote Bete, Kohlarten, Kohlrabi, Bohnenkraut	Zwiebeln, Lauch, Knoblauch, Erbsen
Erbsen	Gelbe Rüben, Kopfsalat, Kohl, Fenchel, Gurken	Zwiebeln, Lauch Knoblauch, Bohnen, Tomaten
Fenchel	Gurken, Erbsen, Zichoriensalate	Tomaten, Bohnen
Gelbe Rüben (Möhren)	Zwiebeln, Lauch, Knoblauch, Tomaten, Erbsen, Mangold, Dill	
Gurken	Stangenbohnen, Erbsen, Fenchel, Zwiebeln, Knoblauch, Salate, Basilikum, Dill	Tomaten, Radies
Kartoffeln	Kohlarten, Mais, Tagetes	Tomaten, Gurken
Kohlarten	Sellerie, Tomaten, Boretsch	Zwiebeln, Knoblauch, Senf
Kohlrabi	Salate, Bohnen	
Kopf- u. Pflücksalate	Kohlrabi, Radies, Gurken, Tomaten, Rote Bete, Kerbel	Petersilie, Sellerie
Lauch	Späte Gelbe Rüben, Sellerie, Tomaten	Bohnen, Erbsen, Rote Bete
Mais	Gurken, Zucchini, Bohnen	Sellerie, Rote Bete
Mangold	Gelbe Rübe, Salate	Rote Bete
Radieschen/Rettich	Salate, Tomaten	Gurken
Rote Bete	Buschbohnen, Zwiebeln, Pflücksalate, Dill, Mangold	Mais, Tomaten, Lauch
Stangenbohnen	Gurken, Zucchini, Salate, Kapuzinerkresse	Buschbohnen, Erbsen, Lauch, Zwiebeln, Knoblauch
Sellerie	Kohlarten, Tomaten, Lauch	Kopfsalat, Mais
Tomaten	Gelbe Rüben, Sellerie, Kohlarten, Buschbohnen, Zwiebeln, Knoblauch, Salate, Ringelblumen, Tagetes, Basilikum	Fenchel, Gurken, Kartoffeln, Rote Bete, Erbsen Petersilie
Zichoriensalate	Tomaten, Fenchel	
Zucchini	Stangenbohnen, Mais, Kapuzinerkresse	Gurken
Zwiebeln	Gelbe Rüben, Rote Bete, Gurken, Tomaten Erbsen	Kohlarten, Radies, Bohnen

gibt, denen generell negative Auswirkungen zugeschrieben werden. Mit diesen sollte man sich vertraut machen und versuchen sie von vornherein zu vermeiden. So gilt als ungünstig die Nachbarschaft von Tomaten und Fenchel, Tomaten und Roten Rüben, Tomaten und Gurken, Kopfsalat und Petersilie, Kohl und Zwiebeln, Bohnen und Zwiebeln.

Mischkulturenbeet Beispiel I.

Zuckererbsen (Folge: Endivien)
frühe Pflücksalate
Gurken am Klettergerüst (Hauptkultur)
Basilikum
Knollenfenchel (Folge: Raddiccio)

Dominant auf dem Beet ist eine Reihe Gurken. Einer Schlangengurkenart wird die Möglichkeit geboten, an einem Klettergerüst empor zu ranken. Das Ergebnis sind nicht nur saubere, einwandfreie Früchte, sondern auch eine enorme Platzersparnis. Nutzen die Gurken das Beet in seiner Höhe, wachsen diverse Begleitpflanzen in Bodennähe. Als Leguminosen werden am Beetrand im zeitigen Frühjahr Zuckererbsen eingesät. Sie fungieren in dieser Pflanzengemeinschaft nicht nur als Stickstofflieferant, als schnell wachsende Kultur bieten sie auch rasch einen willkommenen Windschutz für die empfindlichen Gurkensetzlinge. Zwischen diesen beiden Kulturen wird eine Reihe Pflücksalat gepflanzt. Sie nutzt zu Beginn der Wachstumsperiode den hier verbleibenden Raum, muss allerdings unbedingt abgeerntet sein bevor die nach oben strebenden Erbsen und Gurken das Licht knapp werden lassen. Zu Füßen der Gurken findet sich Basilikum. Es wirkt Mehltaubefall an Gurken entgegen und lockt Bienen und andere bestäubende Insekten an, wodurch zu reichlichem Fruchtansatz an Gurken beigetragen wird. Die Nachbarschaft von Fenchel zu Gurken gilt als allgemein positiv.

Sowohl Fenchel als auch Erbsen beanspruchen ihren Platz nur im ersten Teil der Vegetationsperiode und ermöglichen beidseitig des Gurkenspaliers den Folgeanbau von späten Salaten (Endivien, Radiccio) und somit eine zweite Ernte im Jahr.

Mischkulturenbeet Beispiel II.

Gemüsegurken (Folge: Herbst- und Wintersalate)
Stangenbohnen (Hauptkultur)
Kapuzinerkresse

Die Hauptfrucht Stangenbohnen wird Anfang Mai als zentrale Reihe ausgesät. Bis Ende der Gartensaison beansprucht sie den größten Teil des Beetes. Die Stangenbohnen bieten den wärmeliebenden Gurken Windschutz und versorgen sie mit Stickstoff. Kapuzinerkresse beschattet den Fuß der Bohnen und zieht Läuse an, die so von ihren Nachbarn ferngehalten werden. Ihre gelben und roten Blüten bringen Farbe in das Beet und lassen es auch optisch zum Genuss werden. Da die Gemüsegurken ihren Platz lediglich von Mitte Mai bis Mitte August beanspruchen, wachsen hier als Nachkultur Salate für Herbst und Winter. Der Lebensraum der verschiedenen Pflanzenarten befindet sich hier auf unterschiedlichen Etagen. Streben die Stangenbohnen luftigen Höhen entgegen, ranken die Gemüsegurken in Bodennähe, wodurch eine optimale räumliche Nutzung der Pflanzfläche erreicht wird.

Mischkulturenbeet Beispiel III.

Schalotten
Petersilie
Tomaten (Hauptkultur)
Ringelblumen
Kohlarten und Kopfsalat

Die Leitkultur Tomaten ist bestimmend in dieser Pflanzenkombination. Mit Ende der Frostgefahr, Mitte Mai, werden Tomaten ins Freiland gepflanzt. Nach dem Setzen sät man in der Tomatenreihe Ringelblumen ein, die für Bodengesundheit sorgen, indem sie Nematoden (Wurzelälchen) vertreiben. Wird diese Untersaat in nächster Zeit zu üppig, wird sie abgehackt und als Mulchdecke liegen gelassen. Einige der dankbaren Blumen sollte man jedoch stets leben lassen, um sich an ihren fröhlichen gelb-orangen Blüten zu erfreuen. Die Hauptreihe ist am Beetrand zum einen flankiert von Kohlgewächsen wie Kopfkohl und Palmkohl. Die Kohlpflänzchen werden in weitem Abstand von mindestens 60 Zentimeter in der Reihe gepflanzt, so dass zwischen ihnen ohne Probleme kurzfristig Kopfsalat Platz findet. Die Nachbarschaft der Tomaten schützt Kohl vor Erdflöhen und Kohlweißlingen. Die andere Beetseite wird durch eine Reihe Schalotten begrenzt, die gut in Wegnähe wachsen. Beanspruchen sie doch sowohl im Wurzelbereich als auch oberirdisch kaum Platz, um sich auszubreiten. Die den Fuß der Tomaten bedeckende Petersilie ist kein unproblematischer Partner im Mischkulturengarten. Sie sollte niemals in der Nähe zarter Gewächse, wie z. B. Kopfsalat stehen, deren Wachstum sie negativ beeinträchtigen würde. Ihre ausgesprochen »Schädlinge« abwehrende Wirkung kommt dagegen in der Partnerschaft mit starken Arten zum Tragen. Ideal ist nicht nur die Nachbarschaft zu Zwiebelgewächsen, sondern auch zu Tomaten, deren Aroma dadurch intensiviert wird.

Mischkulturenbeet Beispiel IV.

Rote Rüben (Rote Bete)
Buschbohnen
Tomaten (Hauptkultur)
Senf
Staudensellerie

Und noch ein Tomatenbeet, auf dem jedoch auch Staudensellerie und Rote Rüben (Rote Bete) wachsen dürfen. Diese drei Pflanzenar-

ten beanspruchen das Beet den größten Teil der Saison. Eher flüchtige Gäste sind dagegen die Mitte Mai gesäten Buschbohnen. Sie beschatten den Boden während des Frühsommers und lockern ihn. Mit ihren Knöllchenbakterien sammeln sie Stickstoff, der auch den stets hungrigen Tomaten zu Gute kommt. Spätestens Mitte Juli, wenn die Tomaten zu stattlicher Größe heranwachsen, sind sie abgeerntet und können das Beet räumen. Jetzt bleibt genügend Raum für die Rote Bete um ansehnliche Rüben für das Winterlager auszubilden. Untersaaten mit Senf, der später als Mulchdecke liegen bleibt, bringen eine allgemeine Verbesserung der Bodenstruktur.

DER BÄUERLICHE KÜCHENGARTEN

Mischkulturenbeet Beispiel V.

Zwiebeln
Frühe Gelbe Rüben mit Dill
Eissalat und Frühkohl (Hauptkultur)
Frühe Gelbe Rüben mit Dill
Zwiebeln

Die wohl bekannteste, geradezu klassisch zu nennende Mischkultur, ist die Nachbarschaft von Möhren und Zwiebeln. Sie findet sich in der Kombination zweier dieser Reihen an beiden Seiten des Mischkulturenbeetes. Möhren und Zwiebeln schützen sich gegenseitig vor der Möhren- bzw. Zwiebelfliege. Zudem teilen sie ihren Lebensraum optimal ohne sich gegenseitig zu behindern. Während Möhren durch ihre senkrecht in den Boden getriebenen Wurzeln tiefere Erdschichten nutzen, breiten Zwiebeln ihre Wurzeln flach aus. Gezielt mit den Möhren ausgesäter Dill begünstigt das Auflaufen der Möhrensamen. Der in der Beetmitte angesiedelte Eissalat braucht mehr Raum und hat eine längere Wachstumszeit als sämtliche anderen Salatarten. Folglich ist seine Kultur als Hauptfrucht zusammen mit frühen Kohlarten gerechtfertigt, wenn auch nicht zwingend.

Vitaminreiches Gemüse, heilkräftige Kräuter und bunte Sommerblumen: ein Garten der Vielfalt.

Von der Antike bis zur Gegenwart: Die bunte Vielfalt des Gartens

Gesellschaft voller Leben

Der Bauerngarten ist der Garten der Vielfalt schlechthin. Es ist das Bild einer fröhlichen Gesellschaft aus Gemüse, Würz- und Heilkräutern sowie bunten Sommerblumen, welches untrennbar mit ihm verbunden ist. Wenn auch nicht wenige der typischen Bauerngartengewächse Zeugen vergangener Zeiten sind, so bedeutet dies auf keinen Fall ein Erstarren der Pflanzenwelt im bäuerlichen Nutzgarten. Im Gegenteil, es herrscht ständiger Wandel und fortwährende Weiterentwicklung. Eine Tatsache, die diesen Garten davor bewahrt zum Museum zu werden und ihn ungeheuer lebendig macht. Bäuerinnen waren zu allen Zeiten offen für Neues und hatten Freude am Experimentieren. Ihr Interesse galt dabei aber ausschließlich Pflanzen, die den Menschen einen Nutzen brachten. Für unnötigen Firlefanz hatte man weder Zeit noch Geld. Einen dauerhaften Platz im Garten konnten sich nur die Neulinge erobern, die sich als robust und pflegeleicht erwiesen.

Gemüse, Gemüse, Gemüse ...

Ein bäuerlicher Garten ohne Gemüsepflanzen – undenkbar! Blatt-, Frucht- und Wurzelgemüse, Hülsenfrüchte und Zwiebelgewächse, sind bestimmend in der Pflanzenwelt des Küchengartens. Angesichts einer unglaublichen Vielfalt kann die folgende Darstellung verschiedener Gemüsearten lediglich ein »Streifzug« durch den Gemüsegarten sein. Ein »Streifzug«, der allerdings gleichzeitig zum Streifzug durch unsere Geschichte wird, zu einer fantastischen Reise von der Antike bis zur Gegenwart.

Während in Ägypten im Dritten Jahrtausend vor Christus, zur Zeit der Pharaonen, bereits eine beeindruckende Gartenkultur herrschte, begannen zu dieser Zeit die Menschen in Europa erst langsam ihr Leben als Sammler und Jäger aufzugeben und sesshaft zu werden. Sammelten sie bisher essbare Pflanzen und Beeren in der freien Natur, begannen sie jetzt diese Wildformen gezielt in der Nähe ihrer Behausungen anzubauen. In den ersten Gärten hierzulande fand sich das wieder, was die heimische Flora hergab. Neben Getreide wurden **Linsen, Erbsen und Ackerbohnen** kultiviert.

Erbse
(Pisum sativum)

Zu den Gartenerbsen zählen Schal- oder Palerbsen, welche frisch oder getrocknet verzehrt werden, ferner die feineren Markerbsen und die besonders süßen, mit der Schale essbaren Zuckererbsen.
Es empfiehlt sich der ausschließliche Frischverzehr (Zuckerschoten) als auch die Konservierung durch Tiefgefrieren (Markerbsen).

Markerbse ›Lancet‹

Kohlgewächse
(Brassica oleracea var.)

Blumenkohl, Brokkoli, Grün- und Braunkohl, Rosenkohl und Kopfkohl, breit ist die Palette der Familie der Kohlgewächse. Sie differieren hinsichtlich Erntezeitpunkt und Verwendung.
Blumenkohl und Brokkoli bringen reiche Ernte bei zeitiger Frühjahrsaussaat und eignen sich für den Frischverzehr. Kopfkohlarten (Weiß- und Blaukraut, Wirsing) sind sowohl als Frühkohlsorten, als auch als später Lagerkohl im Handel. Rosenkohl und Grünkohl wachsen in der zweiten Hälfte des Jahres, sind weitgehend winterhart und kommen während der kalten Jahreszeit frisch auf den Tisch.

Palmkohl ›Negro Romano‹

Als im ersten Jahrhundert nach Christus römische Legionen auf ihren Eroberungszügen nördlich der Alpen bis an Rhein und Donau vorstießen, erlebten sie ein raues, unwirtliches, von dunklen Wäldern bedecktes Land. Schmucklos und karg zeigten sich hier die Gärten. Die römische Gartenkultur war, geprägt durch die Einflüsse Ägyptens und des antiken Griechenlands, bereits zur Blüte gelangt. Und so waren die Römer schlichtweg entsetzt über die Erbärmlichkeit germanischer Gärten, wovon Überlieferungen römischer Schriftsteller zu berichten wissen. Es waren die Römer, die für mehr Vielfalt in unseren heimischen Gärten sorgten, indem sie zahlreiche Pflanzen aus ihrer Heimat mitbrachten, diverse Würzkräuter und Gemüsearten. So wuchsen in den Gärten der Römerzeit bereits die Vorläufer unserer heutigen Kohlpflanzen. Aus diesen Wildkohlgewächsen (*Brassica oleracea* var.) sind im Laufe der Jahrhunderte **verschiedenste Kohlarten** hervorgegangen. Von den bekannten Kopfkohlarten wird allerdings erstmals im 12. Jahrhundert berichtet.

Mangold
(Beta vulgaris)

Mangold findet sich in zweierlei Formen, nämlich als Blatt- oder Stilmangold. Dabei ist vor allem der in den verschiedenen Farben von weiß, gelb bis rot leuchtende Stilmangold Gaumen- und Augenweide. Mangold kann in vielerlei Hinsicht wie Spinat verwendet werden. Dabei verhält er sich im Garten robuster und widerstandsfähiger als dieser. Ferner steht er auch in spinatarmer Zeit zur Verfügung, da er in den Sommermonaten nicht schosst.

Mangold ›Rhubard Chard‹

Aber auch die Samen einer anderen Pflanzenart hatten die Römer auf ihrem Marsch nach Norden im Gepäck. **Rote Rüben und Mangold** hielten nun Einzug in keltische und germanische Gärten. Beide sind aus einer einzigen Pflanzenart, *Beta vulgaris*, hervorgegangen. Lange Zeit erfolgte keine eindeutige Unterscheidung von Roten Rüben und Mangold, wurden doch von allen Beta-Arten stets Rüben und Blätter verzehrt.

Unter den Rüben- und Wurzelgemüsen, die mit den neuen Herren ins Land gelangten, befanden sich auch **Rettiche**.

Die Urformen des Rettich (*Raphanus sativus*) sind in Vorderasien beheimatet. Bereits im Altertum wurden sie als Heilpflanzen hoch geschätzt. In Ägypten sollen sie den Arbeitern während des Baus der Cheopspyramide (cirka 2700 v. Chr.) als wichtiges Nahrungsmittel gedient haben.

Rettich
(Raphanus sativus)

Der rübenförmige Rettich begegnet uns in den Farben weiß, rot oder schwarz. Das Innere der Rübe ist stets weiß. Er schmeckt leicht scharf. Milder im Geschmack sind die nah verwandten Radieschen. Sie haben eine runde bis längliche Form und sind etwa walnussgroß und meist von roter Farbe.

Schwarzer Winterrettich

Neben eiweißspendenden Hülsenfrüchten erweiterten jetzt also Kohlgewächse und Wurzelgemüse den Speiseplan unserer Vorfahren. Von Alters her dürften aber bereits auch Arten des Lattichs in die Ernährung miteinbezogen worden sein. Der bei uns heimische Wilde Lattich (*Lactuca serriola*) war an der Entstehung unseres allseits bekannten **Kopfsalates** (*Lactuca sativa*) beteiligt, der in dieser Form allerdings erstmals im 16. Jahrhundert erwähnt wird. **Blatt- und Schnittsalate** waren dagegen bereits in der Antike bekannt und auch die aus dem Mittelmeerraum stammende **Endivie** (*Cichorium endivia*) ist eine Kulturpflanze des Altertums.

Salat
(Lactuca sativa)

Ob Kopf-, Pflück- oder Schnittsalate, ob grün oder rot, das Angebot an Salatvarianten wurde in den letzten Jahren erfreulich bunter. Holt man sich zusätzlich alte Raritäten (z. B. Spargelsalat) in den Garten, präsentiert sich eine scheinbar grenzenlose Vielfalt. Eine Vielfalt, in die sich auch die Zichoriensalate (Endivie, Zuckerhut, Raddiccio) einreihen sollten, garantieren sie doch als traditionelle Wintersalate vitaminreiche Rohkost rund ums Jahr.

Spargelsalat ›Roter Stern‹

Mit dem Einzug all der neuen Gewächse in die bäuerlichen Gärten Germaniens wurde ein erster großer Anstoß für eine sich neu entwickelnde Gartenkultur gegeben. Eine Entwicklung, die allerdings ein jähes Ende fand mit dem Untergang des Römischen Reiches und der einsetzenden Völkerwanderung im Vierten Jahrhundert nach Christus. Es dauerte rund zwei Jahrhunderte bis die Menschen wieder zur Ruhe kamen. Und bald gab es auch wieder Gärten, für deren weitere Entwicklung die nun beginnende Christianisierung von entscheidender Bedeutung wurde.

Aus dem Süden, über die Alpen, kamen Mönche ins Land. Im süddeutschen Raum waren es vor allem Benediktinermönche, die das Christentum verbreiteten. Ihr Ordensgründer, der Hl. *Benedikt von Nursia* (480 bis 542 n. Chr.) gilt als Begründer des abendländischen Mönchtums. Die von ihm aufgestellte Ordensregel »*ora et labora*« (bete und arbeite) hatte einen geradezu revolutionären Charakter. Sie verlangte von den »heiligen« Männern nicht nur – wie bisher üblich – ein christliches Leben in Keuschheit, Armut und Gehorsam, sondern hielt sie an durch körperliche Arbeit für ihren Lebensunterhalt zu sorgen. So wurden in der Nähe der neu entstandenen Klöster stets Gärten angelegt. Die Benediktiner besaßen reiche Kenntnisse über Obst- und Gemüseanbau und brachten zudem aus den Klöstern des Südens Sämereien und Pfropfreiser für Obstgehölze mit. Viele Pflanzen verbreiteten sich nun von Kloster zu Kloster, aber auch so manche Bäuerin nahm beim Besuch im Kloster den einen oder anderen Sämling mit. Von den Klostergärten ausgehende Impulse prägten Gestaltung und Pflanzenwelt der Bauerngärten bis in die heutige Zeit. Es sind Schriften, wie das berühmte Gedicht »Hortulus« des Benediktinerabtes *Walahfried Strabo* (809 bis 849 n. Chr.) und die Physika der Hl. *Hildegard von Bingen* (1098 bis 1179 n. Chr.), die heute von der Pflanzenwelt der Bauerngärten im Mittelalter zeugen. Die Benediktineräbtissin betätigte sich als Ärztin und Naturforscherin. In ihrem umfangreichen Werk beschreibt sie alle damals bekannten Heil- und Nutzpflanzen. Viele von ihnen prägen auch heute noch das Bild des bäuerlichen Nutzgartens.

Neben dem Christentum als tragende Säule abendländischer Kultur, formierte sich im frühen Mittelalter eine zweite Kraft, die Land und Leute prägen sollte – das Kaisertum. Herrscher im neu geeinten Reich, dem gigantischen Frankenreich, war Karl der Große (742 bis 814 n. Chr.). Als oberster Grundherr war auch *Karl der Große* angewiesen auf die Erträge aus seinen Krongütern. In diesem Zusammenhang erließ er eine Landgüterverordnung, in der er regelte, wie diese Güter zu bewirtschaften waren.

Diese Landgüterverordnung, das so genannte Capitulare de Villis enthielt auch eine Liste mit 73 Nutzpflanzen und 16 Obstbäumen, die in den ländlichen Gärten angebaut werden mussten. Darunter eine große Anzahl von Heil- und Würzkräutern und altbekannten Nahrungspflanzen. Wir finden neben Kohl und Salat, Sellerie und Mangold auch die **Möhre** (*Daucus carota*). Möhren gehören zu den bei uns heimischen Gewächsen. Die wilde Möhre ist nicht selten am Straßenrand zu finden. Der Anbau dieser Wildform, mit ihren fasrigen, dünnen Wurzeln hätte sich jedoch kaum gelohnt. Folglich sind an der Entstehung unserer Gartenmöhren noch weitere Unterarten aus dem Mittelmeergebiet beteiligt. In Bayern werden Möhren auch heute noch als Gelbe Rüben bezeichnet. Zurecht, waren doch die alten Kulturformen der Möhre weiß bis gelb. Unsere heutigen, orangefarbenen Möhren, mit ihrem hohen Karotingehalt, entstanden durch Züchtung erstmals im 18. Jahrhundert.

Noch eine andere Pflanze, die zu den ältesten Kulturpflanzen überhaupt zählt, ist bei uns seit dem Mittelalter verbreitet – die **Zwiebel** (*Allium cepa*). Man sieht sie bereits auf ägyptischen Wandmalereien und man weiß, dass auch Griechen und Römer große Stücke auf die Zwiebel hielten.

Möhre
(Daucus carota)

Durch Folgesaaten steht uns dieses Gemüse nahezu rund ums Jahr zur Verfügung. Ob zarte Frühjahrsmöhren oder späte Lagersorten, sie alle verlangen tiefgründig lockeren Gartenboden. Besonders gut mit schweren Böden scheint die lange Zeit in Vergessenheit geratene ›Duwicker Möhre‹ zurecht zu kommen. Sie wurde kürzlich von einem Saatgutbetrieb »wieder entdeckt«.

Möhren ›Rote Riesen‹

Speisezwiebel
(Allium cepa)

Die Kultur von Speisezwiebeln erfolgt durch zeitiges Aussäen im Frühjahr oder durch Setzen von Steckzwiebeln. Speisezwiebeln werden frisch geerntet oder über Winter gelagert. Durch zusätzliche Kultur von Schalotten (kleine, würzige Zwiebeln) oder Winterheckenzwiebeln (Ernte der Schlotten) lässt sich das Zwiebelsortiment erweitern.

Zwiebel ›Stuttgarter Riesen‹, ›Braunschweiger blutrote‹ und Schalotten.

Gurke
(Cucumis sativus)

Schlangengurken (meist aus Gewächshäusern, seltener vom Freiland) sind die typischen Salatgurken heutiger Tage. Aromatischer zeigen sich die kürzeren und festfleischigen, typischen Freilandgurken aus Omas Zeiten. Wofür man sich entscheidet, sei dem persönlichen Geschmack überlassen.

»Lange Grüne Gemüsegurke« in Mischkultur.

Beim Gang durch den Gemüsegarten wird auch heute noch eine Erinnerung in mir wach, die Erinnerung an meine Großmutter Anna. Besonders stolz war sie auf ihre wüchsigen »Gugumer«, von denen sie jedes Jahr an ihrem Namenstag, dem 26. Juli, erstmals ernten wollte. Gemeint waren die **Gurken** (*Cucumis sativus*) in ihrem Garten. Diese alte Bezeichnung »Gugumer« stammt vom lateinischen Wort »*cucumeres*« für Gurken. Beherrschte meine Großmutter, Bäuerin zeit ihres Lebens, Latein? Nein, ganz sicher nicht. Die Wurzeln jenes Ausdrucks sind aber in einer lateinisch verfassten Schrift zu suchen, der Pflanzliste des Kaisers *Karl der Große*. Hier wurde auch der Anbau so genannter »*cucumeres*« angeordnet, einer Gemüseart, die ihre Heimat im Reich des Himalaya hat, jedoch bereits im Altertum ins Mittelmeergebiet gelangte.

Die Pflanzliste des Kaisers Karl der Große: Capitulare de Villes

»Volumus quod in horto omnes herbas habeant, id est« — Wir wollen, dass man im Garten alle Kräuter habe, nämlich:

1. lilium – Weiße Lilie
2. rosas – Rosen
3. fenigrecum – Bockshornklee
4. costum – Frauenminze
5. salviam – Salbei
6. rutam – Raute
7. abrotanum – Eberraute
8. cucumeres – Gurken
9. pepones – Melonen
10. cucurbitas – Flaschenkürbisse
11. fasiolum – Saubohnen
12. ciminum – Kreuzkümmel
13. rosmarinum – Rosmarin
14. careium – Kümmel
15. cicerum Italicum – Kichererbse
16. squillam – Meerzwiebel
17. gladiolum – Schwertlilie
18. dragantea – Drachenwurz
19. anesum – Anis
20. coloquentidas – Koloquinten
21. solsequium – Chicoree
22. ameum – Ammi
23. silum – Laserkraut
24. lactucas – Salat
25. git – Schwarzkümmel
26. eruca alba – Weißer Senf
27. nasturtium – Kresse
28. parduna – Klette
29. peludium – Poleiminze
30. olisatum – Schwarzes Gemüse
31. petresilinum – Petersilie
32. apium – Sellerie
33. leuisticum – Liebstöckel
34. savinam – Sadebaum
35. anetum – Dill
36. fenicolum – Fenchelsalbei
37. intubas – Endivien
38. diptanum – Diptam
39. sinape – Senf
40. satureiam – Bohnenkraut
41. sisimbrium – Krause Minze
42. mentam – Wasserminze
43. mentastrum – Waldminze
44. tanazitam – Rainfarn
45. neptam – Katzenminze
46. febrefugiam – Mutterkraut
47. papaver – Mohn
48. betas – Mangold
49. vulgigina – Haselwurz
50. mismalvas – Eibisch
52. carvitas – Möhren
53. pastinacas – Pastinak
54. adripias – Gartenmelde
55. blidas – Amarant
56. ravacaulos – Kohlrabi
57. caulos – Kohl
58. uniones – Bärlauch
59. britlas – Schnittlauch
60. porros – Porree
61. radices – Rettich
62. ascalonicas – Schalotten
63. cepas – Zwiebeln
64. allia – Knoblauch
65. warentiam – Krapp
66. cardones – Artischocken
67. fabas majores – Große Bohne
68. pisos Mauriscos – Felderbse
69. coriandrum – Koriander
70. cerfolium – Kerbel
71. lacteridas – Springkraut
72. sclareiam – Muskateller
73. jovis barbam – Hauswurz

Außerdem wurde der Anbau folgender Obstarten befohlen:
Apfel, Birne, Pflaume, Speierling, Mispel, Edelkastanie, Pfirsich, Quitte, Haselnuss, Mandel, Maulbeere, Lorbeer, Pinie, Feige, Nuss, Kirsche.

Busch- und Stangenbohne
(Phaseolus vulgaris)

Während niedrige Buschbohnen ohne Stütze auskommen, werden die kletternden Stangenbohnen an Stangen oder Seilen hochgezogen. Die Hülsen von Bohnen zeigen sich grün, gelb, blau oder violett gemustert.
Von manchen Sorten erntet man bevorzugt die Hülsen, andere eignen sich wiederum hervorragend als Trockenbohnen.

Italienische Körnerbohne ›Bingo‹

Über viele Jahrhunderte hinweg, bis zum Beginn der Neuzeit, sollte das Bild der Bauerngärten von unglaublicher Stabilität bleiben. Für eine nachhaltige Veränderung im Pflanzenbestand bäuerlicher Gärten musste erst etwas wahrlich Weltveränderndes passieren. *Christoph Columbus* entdeckte im Jahre 1492 Amerika. Nun kam eine gewaltige Fülle neuer und fremdartiger Pflanzen in europäische Gärten. **Kartoffel, Mais, Paprika, Gartenbohne und Tomate** stammen aus der so genannten Neuen Welt. Manche unter ihnen, wie die Nachtschattengewächse Kartoffel und Tomate, hatten es dabei schwer sich durchzusetzen. Man hielt sie in allen Teilen für giftig. Der Siegeszug der Kartoffel begann im 18. Jahrhundert, als *Friedrich der Große* ihren großflächigen Anbau erzwang und so drohenden Hungersnöten begegnete.

DER BÄUERLICHE KÜCHENGARTEN

Tomate
(Lycopersicon esculentum)

Hoch wachsende Stabtomaten oder niedrig bleibende Buschformen, Cocktail- oder Fleischtomaten, mit gelben oder roten Früchten – die Vielfalt der Welt der Tomate weckt die Sammelleidenschaft.
Tomaten im Freilandanbau leiden häufig unter Kälte und Nässe und zeigen sich anfällig für Krankheiten.
Die Wahl widerstandsfähiger Sorten, bevorzugt aus der Vielfalt alter, regionaltypischer Sorten, ist deshalb oberstes Gebot.

›Eiertomate‹

Als die Tomate (*Lycopersicon esculentum*) im 16. Jahrhundert nach Europa gebracht wurde, betrachtete man sie zunächst als Zierpflanze. Erst in der zweiten Hälfte des 19. Jahrhunderts eroberte sie sich ihren Platz unter den Nutzpflanzen des bäuerlichen Gemüsegartens. Nun betrachtete man sie vorübergehend als Obst und verzehrte sie mit Zucker. Ihren indianischen Namen »tumatl« trägt sie allerdings noch heute in sich.

Zucchini
(Cucurbita pepo)

Als robuste und raschwüchsige Gewächse garantieren Zucchini in aller Regel reichhaltige Ernte. Die grünen oder gelben, länglichen oder runden Früchte, je nach Sorte, sollten in jedem Fall jung geerntet werden. Nur so sind sie geschmackvoll und die Pflanze behält genügend Energie für erneuten Fruchtansatz.

Kletterzucchini ›Black Forrest‹

Die bunte Vielfalt des Bauerngartens, wie wir sie heute kennen, ist das Ergebnis einer Jahrtausende langen Entwicklung, die immerwährend fortschreitet. Hat sich die südländische **Zucchini** (*Cucurbita pepo*) erst in den letzten Jahrzehnten einen Stammplatz im bäuerlichen Gemüsegarten erobert, so sind es neuerdings asiatische Gewächse, von Pak Choi bis Mizuna, die verstärkt in Mode kommen. Die Zukunft wird zeigen, ob sich der ein oder andere Vertreter unter ihnen bewährt und in einiger Zeit nicht mehr aus dem Bauerngarten weg zu denken ist.

Der Einzug einer derart breiten Palette von Gemüsepflanzen aus aller Welt in die Gärten von Bauern erstreckt sich von der Antike bis zur Gegenwart. Solch ständiger Wandel ist auch gut, hält er doch die Gartenkultur lebendig.

Heil- und Würzkräuter

Funde von Heilkräutern in 60.000 Jahre alten Gräbern zeugen von einer Nutzung der diesen Pflanzen innewohnenden Kräfte bereits in vorgeschichtlicher Zeit. Durch ihre enge Verbundenheit mit der Natur und eine daraus resultierende Beobachtungsgabe, entdeckten die Menschen sehr bald die Heilwirkung mancher Pflanzen. Einer großen Anzahl von Kräutern wurden besondere Eigenschaften zugeschrieben, wobei Aberglaube und Mystik eine wesentliche Rolle spielten. Mistel und Eisenkraut galten bei den Kelten als heilige Kräuter und wurden von den Druiden für kultische Handlungen verwendet. Im Mittelalter kam Kräutern wie Baldrian, Gundermann und Liebstöckl eine gewisse Bedeutung im Zusammenhang mit der Erkennung von Hexen zu.

Bei unseren heutigen Würz- und Heilkräutern handelt es sich zum einen um heimische Gewächse, aber auch um Pflanzen der mediterranen Flora, des Orients und Amerikas.

Viel ist uns über das Kräuterwissen alter Germanenstämme nicht bekannt. Doch gilt als sicher, dass sie bereits die Kräfte des einen oder anderen Kräutleins nutzten. So kultivierten sie beispielsweise ihrer blutstillenden Eigenschaften wegen bereits in vorchristlicher Zeit die Schafgarbe (*Achillea millefolium*).

Faszinierende Kräuter: Vereinigung von Nutzen und Zierde.

Auch die große Vielfalt an Heil- und Würzkräutern kam jedoch in den ersten Jahrhunderten nach Christi Geburt mit den römischen Eroberern ins Land nördlich der Alpen. Die griechische und römische Antike hatte bereits einen Durchbruch in der Kräuterkunde gebracht. Vervollständigt wurde dieses Wissen in den mittelalterlichen Klöstern. Die Schriften der Hl. *Hildegard von Bingen* aus dem 12. Jahrhundert zeugen von erstaunlichen Kenntnissen Heilkräfte von Wild- und Gartenkräutern betreffend. Außerdem vom Willen diese an die Menschen weiterzugeben. So verwendete die Äbtissin neben lateinischen erstmals auch die deutschen Namen der von ihr beschriebenen Pflanzen. Ganz neue Möglichkeiten eröffneten sich zudem mit der Erfindung des Buchdrucks im 15. Jahrhundert. Die Kräuterbücher des *Leonhart Fuchs* (1543) und des *Jakob Tabernaemontanus* (1588) beschrieben alle damals bekannten Heil- und Würzkräuter und verhalfen der Kräuterkunde zu einem allgemeinen Aufschwung.

Kräuter waren von Anbeginn an fester Bestandteil der bäuerlichen Gärten bis in das 20. Jahrhundert. Nach dem Zweiten Weltkrieg schienen sie allerdings nicht mehr zeitgemäß zu sein. Allenfalls Schnittlauch und Petersilie fristeten noch ein Schattendasein.

Nach einer Zeit, in der das Wichtigste das Sattwerden war, verbannte man in den Jahren des Wirtschaftswunders Kräuter und Gemüse aus den Gärten zusehends, Blumen und Rasen stellten neuen Wohlstand zur Schau. Auch die Heilwirkung von Kräutern geriet in Vergessenheit, da die Pharmaindustrie für jedes Wehwehchen ein Mittel bereitstellte. Für die Gesundheit der Pflanzen sorgten nun Pestizide. Nachdem zu Beginn des 21. Jahrhunderts die fatalen Folgen eines jahrzehntelangen Raubbaus offenkundig werden, Luft-, Boden- und Wasserverschmutzung bedrohliche Werte erreicht haben und Lebens- und Arzneimittelskandale an der Tagesordnung sind, erfolgt ein allmähliches Umdenken. Viele Menschen haben die Vorteile einer »sanften« Medizin wieder entdeckt und nutzen die Heilkraft von Pflanzen. Auch in einer neuen, gesundheitsbewussten Küche sind vitaminreiche Kräuter nicht mehr wegzudenken. So manche Speise wird durch frische Kräuter erst zum kulinarischen Erlebnis.

Kräuter im Garten vereinen in sich das Nützliche mit dem Schönen wie kaum eine andere Pflanzenart. Vielfältigste Blattstrukturen, kombiniert mit dezenten Blüten, betörenden Düften und hunderten sie umschwirrenden Insekten lassen Kräuter in jedem Garten zum Erlebnis werden.

Im naturgemäßen Garten schätzt man die Wirkung von Kräuterjauchen als Dünge- und Pflanzenstärkungsmittel und verbannt jegliche giftigen Chemikalien. Eine besondere Rolle spielt die Anwesenheit von Kräutern im Mischkulturengarten. Hier können sie, richtig platziert, eine positive Wirkung auf ihre Nachbarn ausüben.

Wir finden unter Kräutern sowohl einjährige als auch ausdauernde Gewächse. Eine Einteilung dieser Gewächse entsprechend ihrer Lebensdauer ist von entscheidender Bedeutung in meinem Küchengarten, bekommen sie doch den ihnen entsprechenden Platz als

DER BÄUERLICHE KÜCHENGARTEN

Dill
(Anethum graveolens)

Zart und duftig wirken die bis zu einen Meter hohen Dillpflanzen. Sowohl das frische Kraut, als auch die Samen werden als Gewürz in der Küche verwendet. In der Heilkunde ist Dill als krampflösend und verdauungsfördernd bekannt.

Dill ›Tetra‹

Partner in der vielfältigen Pflanzengemeinschaft des Bauerngartens zugewiesen. Dabei sind sie in der Regel nicht besonders anspruchsvoll. Sie gedeihen nicht selten sogar besser auf mageren Böden, wo sie auf jeden Fall ein intensiveres Aroma entwickeln.

Problemlos in das System eines Mischkulturengartens lassen sich **einjährige Kräuter** integrieren. Jedes Jahr neu ausgesät, wachsen sie rasch, blühen und bilden Samen, um spätestens mit Beginn der winterlichen Frostperiode abzusterben. Alle diese kurzlebigen Gewächse wie z.B. Dill, Borretsch, Kerbel oder Kapuzinerkresse dürfen sich zwischen den Gemüsereihen ansiedeln, wo sie mit schönen Blüten und interessanten Blattstrukturen eine wahre Zierde sind. Doch sie sind noch mehr. Durch ihren Duft locken sie zahlreiche Insekten an und helfen ihre Nachbarn frei von »Schädlingen« und Krankheiten zu halten. Aroma und Haltbarkeit so mancher Gemüse verbessert sich allein durch die Anwesenheit bestimmter Kräuter.

Als Universalpartner im Mischkulturengarten fungiert **Dill** *(Anethum graveolens)*. Dill verträgt sich mit nahezu allen Pflanzenarten und zeigt wachstums- und gesundheitsfördernde Wirkung. Deshalb sollte man ruhig einige Dillsamen über den Gemüsegarten verstreuen – die zarten Pflanzen werden überall Platz finden. Natürlich besteht auch die Möglichkeit, das »Mädchen für alles« ganz gezielt auszusäen, etwa zusammen mit Möhrensamen: Ein Teil Dill, drei Teile Möhren. Dadurch wird ein schnelleres und sicheres Auflaufen der Möhren begünstigt.

DER BÄUERLICHE KÜCHENGARTEN

Borretsch
(Borago officinalis)

Himmelblaue Sternblüten kennzeichnen das wüchsige, etwa 80 Zentimeter hohe Kraut. Blüten und Blätter werden zu Salaten verwendet. In der Heilkunde wird Borretsch als Nervenstärkungs- und Blutreinigungsmittel eingesetzt.

Blühender Borretsch

Wie keine andere Pflanze durchwurzelt und lockert **Borretsch** (*Borago officinalis*) den Boden. Seine blauen, essbaren Sternblüten zieren jeden Garten. Das nach Gurken schmeckende Kraut (volkstümlicher Name Gurkenkraut) sät sich einmal im Garten zuhause gerne selbst aus. Als besonders empfehlenswert, weil eine äußerst schädlingsabweisende Wirkung, hat sich die Nachbarschaft zu Kohlgewächsen erwiesen. Man achte jedoch darauf, dass die starkwüchsigen Pflanzen ihre Nachbarn nicht verdrängen und entferne sie gegebenenfalls rechtzeitig.

Basilikum
(Ocimum basilicum)

Mit grünen oder roten Blättern und Blüten von weiß bis rosa präsentieren sich die 20 bis 50 Zentimter hoch wachsenden Basilikumsorten.
Würziges Basilikum gilt als unverzichtbarer Bestandteil mediterraner Küche.
Basilikum wirkt in erster Linie auf das Verdauungssystem und wird bei Verdauungsstörungen angewendet.

Wildes Basilikum (Ocinum canum)

Nicht weg zu denken aus dem Garten ist **Basilikum** (*Ocimum basilicum*). Eine breite Palette an Formen, Farben und Geschmacksrichtungen weckt die Sammelleidenschaft. Als Südländer ist es generell wärmeliebend, wobei sich im Freilandanbau besonders das Wilde Basilikum (*Ocinum canum*) als sehr robust gezeigt hat. Selbst in für einige Gartenpflanzen ungünstigen Sommern bildet es dichte Büsche mit gesunden Blättern und attraktiven rosa Blüten. Sowohl Tomaten als auch Gurken schätzen seine Nachbarschaft. Besonders Gurken tragen zusammen mit Basilikum gepflanzt reichlich Früchte und bleiben länger von Pilzkrankheiten verschont.

Kapuzinerkresse
(Tropaeolum majus)

Die dekorative Pflanze gibt es als buschig wachsende oder kletternde Form.
Blätter und Blüten sind würzige Salatzugaben.
In der Naturheilkunde wird die antibiotische Wirkung von Kapuzinerkresse geschätzt.

»Rankende Kapuzinerkresse«

Die **Kapuzinerkresse** (*Tropaeolum majus*) zählt absolut zu meinen Lieblingspflanzen. Vom frühen Sommer bis zu den ersten Frösten erscheinen ihre hübschen, gelben und roten Blüten, die mit ihrem kresseartigen Geschmack natürlich auch in der Küche verwendet werden. Gut wächst sie zu Füßen von Stangenbohnen, von denen sie Läuse fern hält.

Petersilie
(Petroselinum crispum)

Das bekannte Küchenkraut wächst im Garten bis zu 50 Zentimeter hoch. Die vitaminreichen Blätter sollten möglichst frisch verwendet werden.
Petersilie wirkt appetitanregend und fördert die Wasserausscheidung.

Blattpetersilie in Mischkultur

Um eines der wenigen **zweijährigen Kräuter**, das in fast jedem Garten wächst, handelt es sich bei **Petersilie** *(Petroselinum crispum)*. Zweijährige Kräuter blühen und fruchten erst im zweiten Jahr nach der Aussaat. Blühende Petersilie bildet nur noch wenige, kaum würzige Blätter. Will man nicht gezielt Samen gewinnen, zieht man sie deshalb als einjähriges Kraut und bezieht sie folglich in das System Mischkultur mit ein. Doch Vorsicht ist geboten, denn die Petersilie kann durch ihre intensiven ätherischen Öle schwache Nachbarn, wie z. B. Salat schädigen. Ein guter Partner ist sie für robuste Tomaten und Zwiebeln.

Schnittlauch
(Allium schoenoprasum)

Lange, dünne Schlotten bestimmen das Erscheinungsbild der 20 bis 30 Zentimeter hoch werdenden Pflanzen. Ob als Zugabe zu Salaten, Soßen oder Suppen, Schnittlauch gehört zu den meistverwendeten Küchenkräutern. Dabei gilt er auch als antiseptisch wirkende Heilpflanze, angewendet vor allem bei Magen- und Darmstörungen.

Dekorative Schnittlauchblüten

Im Gemüsegarten wechseln alle Pflanzen – Gemüse, Kräuter und Blumen – jährlich ihren Standort. Ein Wechsel, den **ausdauernde Kräuter** nicht mitmachen können und wollen. Sie finden deshalb ihren Platz sinnvollerweise im Randbereich des Küchengartens. In meinem Garten wachsen sie zusammen mit Rosen und Blütenstauden entlang des Gartenzauns. Viele dieser winterharten, teilweise verholzenden, kleinen Sträucher und Halbsträucher wie Thymian und Lavendel oder Stauden wie Schnittlauch, Liebstöckl und Zitronenmelisse bleiben uns über viele Jahre hinweg treu erhalten. Vermehren bzw. verjüngen lassen sie sich durch Stecklinge bzw. Teilung der Wurzelstöcke.

Schnittlauch (*Allium schoenoprasum*) ist das wohl bekannteste unter den mehrjährigen Küchenkräutern. Dabei sollte Schnittlauch keinesfalls nur als nützliches Würzkraut betrachtet werden, ist er doch mit seinen rosa Kugelblüten eine Zierde in jedem Staudenbeet.

Liebstöckl
(Levisticum officinale)

Die markante Staude erreicht ein Höhe von bis zu zwei Meter.
Die gelb-grünen Blätter dienen als Würze für Suppen und Eintöpfe.
Liebstöckl besitzt eine reinigende Wirkung auf den Organismus.

Liebstöckl in Gesellschaft von Estragon

Liebstöckl (*Levisticum officinale*), das alte Bauerngartenkraut, dient seit jeher als Suppenwürze und trägt wegen seines Geschmacks den volkstümlichen Namen »Maggikraut«. Das Kraut verträgt leicht schattige Lagen und zeigt generell enorme Wuchskraft. Es steht deshalb bevorzugt am Gartenzaun. Hier gibt es gemischten Pflanzungen Struktur und Höhe.

Gewürzfenchel
(Foeniculum vulgare)

An durchschnittlich 1,5 Meter hohen Stängeln sitzen zarte, nach Anis schmeckende Blätter, die als Würze für Salat, Fleisch oder Fisch dienen.
Tee aus Fenchelsamen hilft die Verdauung zu regulieren und wirkt Blähungen entgegen.

Bronzefenchel mit rotbraunem Laub.

Als mehrjährige, wenn auch nicht sehr langlebige Pflanze, zeigt sich **Gewürzfenchel** (*Foeniculum vulgare*), der zusammen mit Rosen eine traumhafte Pflanzenkombination ergibt. Trotz einer Höhe von bis zu zwei Meter, wirkt das Kraut aufgrund seiner zarten Blattstrukturen äußerst filigran.

Zahlreiche Insekten, darunter Massen an Blattlaus vertilgenden Schwebfliegen, umschwirren bei Sonnenschein die gelben Doldenblüten und bieten ein Naturschaupiel ganz besonderer Art.

Der weitaus größte Teil unserer Gartenkräuter stammt aus den Ländern Südeuropas. Die Halbsträucher **Lavendel** (*Lavandula augustifolia*), **Salbei** (*Salvia officinalis*) und **Thymian** (*Thymus*) sind typische Vertreter der mediterranen Flora. Im Gegensatz zu den bisher erwähnten mehrjährigen Kräutern, handelt es sich bei ihnen nicht um Stauden, deren oberirdische Teile im Winter absterben, während der Wurzelstock im Boden überwintert, sondern um verholzende Pflanzen. Sie lieben von der Sonne verwöhnte, trockene Standorte. Als nicht sicher winterharte Gewächse

Lavendel
(Lavandula augustifolia)

Mediterranes Flair bringt Lavendel mit silbriggrauen, nadelförmigen Blättern und blauen oder rosafarbigen Blüten in den Garten. Er eignet sich sowohl für Potpourris als auch für Küchenkräutermischungen. Seine galletreibende und nervenstärkende Wirkung ist bekannt.

Duftende Lavendelblüten

sind sie bei strengem Frost dankbar für eine Decke aus Fichtenreisig. Hübsch und gesund ist die Kombination von Lavendel und Rosen, ebenso eine klassische Rosenbegleitpflanze ist Salbei. Beide Kräuter haben eine starke schädlingsabweisende Wirkung. Thymian fungiert als dankbarer Partner in Kräuterpflanzungen oder unter Rosen. Dank seiner Genügsamkeit wächst er selbst in Fugen und Mauerritzen.

Kräuter sind faszinierende und attraktive Pflanzen, deren Kultur dem Gärtner dank ihrer Wüchsigkeit und geringen Anfälligkeit für »Schädlinge« und Krankheiten kaum Mühe bereiten wird. Ein Garten ohne ihren aromatischen Duft und ihre dezente Schönheit wäre stets um vieles ärmer, ein bäuerlicher Nutzgarten zudem beraubt um einen wesentlichen Teil seiner traditionellen Pflanzenwelt. Undenkbar ist die Bewirtschaftung eines Gartens nach den Gesetzen der Natur, die nicht die Anwesenheit von Kräutern als nützlich für Mensch, Tier und Pflanzenwelt mit einbezieht.

Blühender Salbei in Kombination mit Fingerhut und Rosen.

Salbei
(Salvia officinalis)

Salbei ist ein verholzender, kleiner Strauch mit silbrigen Blättern und hellblauen Blüten.
Als Küchengewürz wird er Fleisch- und Fischgerichten beigegeben.
Seine Wirkung auf den Organismus ist beruhigend und entzündungshemmend.

Polsterbildender Zitronenthymian in Wegfugen.

Thymian
(Thymus)

Der niedrige, maximal 30 Zentimeter hohe Halbstrauch besitzt schmale Blättchen und rosa Blüten. Frisch oder getrocknet würzt er Fleisch-, Fisch oder Gemüsegerichte. Durch seine ätherischen Öle wirkt er desinfizierend bei Husten.

Bunte Sommerblumen

Bis in die Neuzeit hinein waren bäuerliche Gärten reine Nutzgärten mit Gemüse-, Gewürz- und Heilpflanzen. Die Sorge der Landbevölkerung galt der Sicherung der Bedürfnisse des täglichen Lebens. Niemand konnte es sich leisten, kostbares Ackerland für scheinbar »Unnützes« zu verschwenden. Doch waren die Gärten alter Zeit weder triste noch völlig schmucklos. Als zierende Gewächse wuchsen in mittelalterlichen Gärten Rosen, Lilien oder Ringelblumen. Sie wurden in erster Linie aber ihrer heilenden Inhaltsstoffe wegen kultiviert.

Das Tränende Herz *(Dicentra spectabilis)* ist eine der Leitpflanzen der bäuerlichen Gärten.

Mit Beginn der Neuzeit, sprich mit der Entdeckung Amerikas Ende des 15. Jahrhunderts, begann jedoch im wahrsten Sinne des Wortes eine Blütezeit in der europäischen Gartenkultur. Im Gefolge der Seefahrer um *Columbus* kam eine schier unglaubliche Fülle von Pflanzen aus der Neuen Welt in unsere Heimat. Darunter auch jede Menge Zierpflanzen wie Sonnenblumen, Dahlien, Astern, Zinnien und vieles mehr. Blumen mit solch üppigen, kräftig orange und rot gefärbten Blüten, wie man sie bis dahin nicht kannte. Ungewohnt und fremdartig mögen sie den Bäuerinnen damals erschienen sein, um so erstaunlicher, dass viele unter ihnen in relativ kurzer Zeit in den Hausgärten Fuß fassen konnten.

Allgemeine Euphorie und Entdeckerdrang kennzeichnete die neu angebrochene Zeit. Auch aus dem Orient holt man eine Reihe neuer Pflanzen nach Europa. Darunter die Tulpe, die im 16. Jahrhundert ein Tulpenfieber in den Gärten hierzulande auslöste.

»Blumen aus aller Welt«, schien die Losung folgender Jahrhunderte zu werden. In der Kolonialzeit entdeckt man für sich auch die Pflanzenwelten in Fern Ost (Asien) und Afrika. Hochentwickelte und faszinierende Gartenkulturen blühten in China und Japan. Eine fest mit dem Bauerngarten verbundene Prachtstaude kam in der zweiten Hälfte des 18. Jahrhunderts aus China zu uns, das Tränende Herz *(Dicentra spectabilis.)* Und der Stolz mancher Bäuerin, die überschwänglich blühenden Geranien, haben ihre ursprüngliche Heimat in den ostafrikanischen Küstenländern.

Jetzt war es üblich geworden, einige Gewächse ausschließlich aufgrund ihres Zierwertes anzubauen. Der bäuerliche Garten wandelte sich vom reinen Nutzgarten hin zum verzierten Nutzgarten. Dabei hat es auf dem

Die Blume erster Wahl.

Ringelblume
(Calendula officinalis)

Die beliebte Einjahresblume wird ab April direkt an Ort und Stelle ausgesät. Sie liebt dabei nährstoffreiche und frische Gartenböden. Einmal angesiedelt, erhält sie sich vital durch Selbstaussaat.

Lande nie eine Trennung von Nutz- und Ziergarten gegeben. Eine Entwicklung, die dem bäuerlichen Küchengarten noch heute seine ureigene Faszination verleiht. Eine Entwicklung, die ihn zum Garten der Vielfalt par excellence werden ließ. Es ist die Vorstellung von frischem Gemüse, duftenden Kräutern und einer überschwänglichen Fülle altbekannter Blumen, die sich mit dem Bild des Bauerngartens untrennbar verbindet.

Bunte Sommerblumen im naturgemäßen Garten, sind nicht nur ein schöner Anblick, sondern auch ein unverzichtbarer Bestandteil einer auf Harmonie aufbauenden Pflanzengemeinschaft, in der sie allein durch ihre Anwesenheit für Artenvielfalt sorgen. So locken sie zahlreiche Bienen, Hummeln, Schmetterlinge und andere Insekten an. Marienkäfer und Schwebfliegen werden im Garten heimisch und vertilgen lästige Blattläuse. Bienen tragen zur Bestäubung von Fruchtgemüse bei, nicht ohne selbst von gesammelten Blütenpollen zu profitieren. In solch fröhlichem Durcheinander ergänzen sich nicht nur die diversen

Studentenblume
(Tagetes patula)

Diese unempfindlichen und blühfreudigen Blumen gedeihen auf nahezu allen Gartenböden.
Sie werden bevorzugt Ende März im Haus ausgesät und ab Mai ins Freiland gepflanzt.

Ungefüllt blühende Tagetes.

Pflanzenarten, auch die Welt der Tiere wird in die Lebensgemeinschaft mit einbezogen.

In meinem Biogarten versteht es sich von selbst, dass Blumen den Garten nicht nur malerisch gestalten, sondern auch als heilbringende Partner im Mischkulturengarten geschätzt werden. Gemüsereihen beherrschen das Bild, während Blumen überall dort blühen, wo sie gerade Platz finden.

Einjährige Blumen werden teils jedes Jahr neu ausgesät, teils erhalten sie sich vital durch Selbstaussaat. Einjahresblumen fügen sich ohne Probleme in gemischte Pflanzenkulturen ein, während ausdauernde Blütenstauden besser im Randbereich der Gemüsebeete stehen. Dieses Gestaltungsprinzip, das auch für Kräuter in meinem Garten gilt, setzt sich hier fort.

Neben einjährigen Zinnien (*Zinnia elegans*), Löwenmäulchen (*Antirrhinum majus*), Jungfer im Grünen (*Nigella damascena*) und Studentenblumen, ist die **Ringelblume** (*Calendula officinalis*) die Blume erster Wahl für den naturgemäßen Garten. Eine Blume und Heil-

Sonnenblume
(Helianthus annuus)

Auf nährstoffreichen, lockeren Böden in sonniger Lage werden Sonnenblumen im April ausgesät. Hohe, standschwache Sorten sind später auf eine Stütze angewiesen.

»Leuchtende Sonnen«

pflanze zugleich. Als solche bereits im Mittelalter geschätzt, findet sie heute erneut Beachtung. Aus Blüten und Blättern dieser Pflanze lassen sich nach alten Hausrezepten wundheilende Salben und heilungsfördernde Tees zubereiten.

Im Mischkulturengarten kommt der sehr vitalen und anspruchslosen Ringelblume eine weitere, zentrale Bedeutung zu. Sie sorgt für einen gesunden Gartenboden, indem sie Nematoden (Wurzelalchen) fern hält. Ringelblumen (*Calendula officinalis*) verzaubern jedes Gartenbeet, leuchten wie kleine, gelbe Sonnen zwischen Tomaten und den blaugrünen Blättern des Palmkohl ›Negro Romano‹.

Eine der Ringelblume ähnliche Wirkung hinsichtlich der Bodengesundheit ist von **Studentenblumen** (*Tagetes patula*) bekannt. Diese volkstümlichen Blumen mit ihren Gelb-, Gold- und Orangetönen kamen im 16. Jahrhundert aus Mexiko zu uns. Eine immense Vielfalt an Variationen steht dem Gärtner heute zur Auswahl, von filigranen Gewürztagetes bis zu hohen Schnittblumen mit dahliengroßen Blüten.

Ebenso in Mexiko beheimatet ist eine andere Einjahresblume: die **Sonnenblume** (*Helianthus annuus*). Mit ihren leuchtenden »Sonnenblüten« sind diese imposanten Pflanzen Blickfang in jedem Garten und lassen auch trübe Tage ein Stück freundlicher erscheinen.
Heute gibt es auch niedrige Züchtungen. Der Inbegriff des Sommers sind allerdings noch immer mächtige, übermannshohe Sonnenblumen, die alle anderen Pflanzen des Bauerngartens überragen. Ihre Blüten wenden sie stets der Sonne zu als deren Abbild man sie betrachtet.

Mit einer unvergleichlichen Fülle an Farben, Formen und Düften sind einjährige Sommerblumen in der Lage, jeden Garten im Handumdrehen in ein blühendes Paradies zu verwandeln. Die meisten unter ihnen zeigen ihre üppigste Entwicklung im Hochsommer. Viele setzen aber auch im herbstlichen Garten noch Farbtupfer, bevor die erste frostige Nacht ihr kurzes Leben beendet.

Über mehrere oder viele Jahre entfalten dagegen zweijährige und ausdauernde Zierpflanzen ihre Pracht. Nach einer winterlichen Ruhepause treiben die krautigen Stauden jedes Jahr neu aus. Deshalb erhalten sie dauerhafte Plätzchen, an denen sie sich in Ruhe entfalten können. In meinem Bauerngarten wachsen sie in friedlicher Eintracht mit ausdauernden Kräutern in gemischten Rabatten, die den Gartenzaun umgeben. Rittersporn (*Delphinium*-Hybriden) und Schafgarben (*Achillea millefolium*), Sonnenhut (*Rudbeckia* var.) und Astern (*Aster* var.), Pfingstrosen (*Paeonia officinalis*) und Iris (*Iris germanica*), sie alle haben hier ein Zuhause.

Zu den **zweijährigen Sommerblumen** zählen einige der schönsten altbekannten Bauerngartenblumen überhaupt, wie Fingerhut (*Digitalis purpurea*) und Stockrose (*Alcea rosea*). Diese Gewächse werden im Frühsommer ausgesät, um im Folgejahr zu blühen. Mit der Bildung von Samen geht ihre Lebenszeit zu Ende. Durch rechtzeitigen Rückschnitt nach der Blüte lässt sich dem entgegenwirken, so dass sich die Blumen, an ihnen zusagenden Stellen, als mehrjährig, wenn auch nicht langlebig erweisen.

Heute wie gestern gehören stattliche **Stockrosen** (*Alcea rosea*) zu den Wahrzeichen ländlicher Gärten, in denen die aus dem Mittelmeerraum stammenden Gewächse seit dem Mittelalter fest beheimatet sind. An über zwei Meter hohen Stängeln erscheinen von Juli bis September malvenartige, gefüllte oder ungefüllte Blüten in weiß, rosa, rot oder zartgelb. Als nicht ganz standhafte Pflanzen stehen Stockrosen (*Alcea rosea*) zweckmäßigerweise am Gartenzaun oder vor windgeschützten Hauswänden. Dem leider in nassen Sommern häufig auftretenden Malvenrost beugt man durch weite Pflanzabstände, sofortiges Entfernen befallener Blätter und Spritzungen mit Ackerschachtelhalmtee vor.

Im Gegensatz zu den bereits erwähnten Zweijahresblumen erweisen sich **mehrjährige Blütenstauden** als äußerst treue Gesellen. Über viele Jahre erfreuen sie uns mit ihrer Blütenpracht. Die meisten von ihnen sind allerdings für eine Verjüngung durch Teilung ihrer Wurzelstöcke im Abstand von einigen Jahren dankbar. Eine Ausnahme bildet die **Pfingstrose** (*Paeonia officinalis*), die es weder

Stockrose
(Alcea rosea)

Die Blüten dieser zauberhaften Zweijahresblume scheinen dem Himmel entgegen zu streben. Um sich in ihrer ganzen Pracht zu entfalten, sollte man ihr ein sonniges, warmes Plätzchen im Garten zukommen lassen.

Ungefüllte Bauernstockrosen.

liebt geteilt noch verpflanzt zu werden. Lange Zeit hinweg an der selben Stelle belassen, entfaltet sie erst ihre wahre Schönheit. Nicht immer blüht die Pflanze ihrem Namen getreu pünktlich zum Pfingstfest. Doch prächtige, dicht gefüllte Blüten, von weiß über rosa bis dunkelrot, lassen kleine Verspätungen gern verzeihen. Bereits in mittelalterlichen Kloster- und Bauerngärten gehörte die Pfingstrose (*Paeonia officinalis*) einfach dazu. Der volkstümliche Name »Gichtrose« zeugt von ihrer Bedeutung als Heilpflanze. Die Hahnenfußgewächse sind sowohl Bestandteil der mediterranen als auch der fernöstlichen Flora. Die Bauernpfingstrose (*Paeonia officinalis*) hat ihren Ursprung in den Wildformen des südlichen Alpenraumes. Auf asiatische Vorfahren blicken dagegen Züchtungen der Edelpfingstrose (*Paeonia lactiflora*) zurück.

Wunderschön ist die Kombination von Pfingstrosen mit **Schwertlilien** (*Iris germanica*), einer weiteren geschichtsträchtigen Bauerngartenstaude. Schwertern gleiche, lange und spitz zulaufende Blätter, verleihen ihr ein ma-

Bauernpfingstrose und **Schwertlilie**
(Paeonia officinalis)   (Iris germanica)

Zwei pflegeleichte und langlebige Stauden für sonnige Lagen, die mit ihrer Blütenpracht den Bauerngarten im Frühsommer verzaubern.

Harmonische Staudenkombination.

jestätisches Aussehen. Vollendete Kunstwerke der Natur stellen die an Fledermäuse erinnernden Blüten dar. Anfang Juni erscheinen sie in den Farben blau bis violett, auch gelb oder in einer Kombination dieser Farben. Die mit den Römern nach Germanien gelangte Schwertlilie wurde im Mittelalter zu Heilzwecken kultiviert. Der Volksmund spricht von »Veilchenwurzel«, duften doch getrocknete Irisrhizome nach Veilchen. Man gab diese zahnenden Kindern zur Schmerzlinderung in den Mund. Daher stammt auch die Bezeichnung »Zahnwurz«.

Der Garten der Bäuerin war intuitiv und praktisch gestaltet, mit Pflanzen, die dem Menschen nützlich sein sollten. Entbehrungsreich und karg war das Leben der Landbevölkerung in früheren Jahrhunderten. Dabei hatten die Menschen sich aber auch einen Sinn für das Schöne bewahrt. Die bunte Blumenpracht im Bauerngarten ist der Beweis dafür. Mit größter Selbstverständlichkeit wurden Zierpflanzen in die behutsam gewachsene Pflanzenwelt integriert. Viele erfreuen seit uralter Zeit Herz und Seele.

Mulch und Mikroorganismen: Die Bewirtschaftung des Gartens

Bodenpflege im Mischkulturengarten

Alle Böden setzen sich aus verwittertem Gestein und abgestorbener pflanzlicher und tierischer Substanz sowie Luft und Wasser zusammen. Dennoch lassen sich verschiedene Bodenarten unterscheiden, von schweren Ton- und Lehmböden bis zu leichten Sandböden.

Die mineralischen Bestandteile von Ton- und Lehmböden sind von feiner Struktur (kleiner als 0,002 Millimeter) und sehr dicht aneinander gelagert. Derartige Böden sind relativ schwer zu bearbeiten, bieten allerdings auch eine Reihe von Vorteilen. Sie besitzen eine hohe Fähigkeit für Pflanzen lebensnotwendiges Wasser zu speichern und sind reich an Nährstoffen. Im Frühjahr erwärmen sie sich nur langsam, neigen zu Verdichtungen und sind nur schwer durchwurzelbar.

Sandige Böden bestehen aus verhältnismäßig großen, kugeligen Bodenteilen (0,05 mm bis 2,0 Millimeter). Bröselig und gut durchlüftet, lassen sich diese Böden ohne Mühe bearbeiten, sind aber arm an Wasser und Nährstoffen. Sie trocknen rasch ab und können zeitig im Frühjahr bestellt werden.

Nicht alle Pflanzenarten kommen mit den gleichen Bodentypen gut zurecht. Während z. B. Kohlgewächse ausgesprochen gut auf Lehmböden gedeihen, eignet sich leichter Sandboden bestens z. B. für die Kultur von Möhren und Pastinaken, deren Wurzeln hier mühelos in tiefere Schichten vordringen können.

Leicht sandiger Lehmboden ist sicherlich als idealer Gartenboden anzusehen. Die Fruchtbarkeit jeden Bodens ist jedoch grundsätzlich abhängig von einem möglichst hohen Humusgehalt. Man versteht darunter den Anteil an sich in der »Zersetzung« befindlichem, organischem Material, tierischer oder pflanzlicher Herkunft, im Boden. Von Natur aus weisen Lehmböden gegenüber Sandböden einen deutlich höheren Gehalt an Humus auf. Humusbildung ist nicht möglich ohne ein reges Bodenleben (tierische und pflanzliche Organismen). Bodenorganismen benötigen organische Substanz als Nahrung, die sie in biologisch-chemisch veränderter Form wieder ausscheiden. Größte Bedeutung kommt in diesem Zusammenhang den Regenwürmern zu. Sie fressen sich durch alle Bodenschichten, nehmen dabei organische und mineralische Stoffe auf, die sie als so genannten fruchtbaren Ton-Humus-Komplex wieder ausscheiden. Durch ihre Tätigkeit entsteht zudem eine lockere und feinkrümelige Bodenstruktur. Würmer, Käfer, Asseln usw. sorgen an der Bodenoberfläche für die Zersetzung des organischen Materials. Von ihren Stoffwechselprodukten ernähren sich wiederum die sich in tieferen Schichten befindlichen Pilze, Algen und Bakterien und lassen dabei pflanzenverfügbare Nährstoffe entstehen.

Durchlässiger, feinkrümeliger und humoser Gartenboden ist das »Gold« des Gärtners. Boden ist nicht nur Standort und Wurzelraum für die Pflanze, vor allen Dingen versorgt er sie auch mit Wasser und Nährstoffen insbesondere durch die Tätigkeit der Mikroorganismen. Um hier optimale Bedingungen zu erhalten bzw. herzustellen, stehen dem Gärtner eine Reihe von gezielten Maßnahmen zur Bodenverbesserung zur Verfügung. Diese Maßnahmen reichen von schonender Bodenbearbeitung, über ständige Bodenbedeckung durch Mulch und Gründüngungssaaten, bis zu einer ausgewogenen Bewirtschaftung mit Fruchtwechsel und maßvoller Düngung sowie einer Bodenimpfung mit einem Mikroorganismen-Präparat. Grundlegend ist stets ein feinfühliger Umgang mit »Mutter Erde«, der die »Welt im Boden« weder durch Einsatz »chemischer Keulen«, noch durch sonstige Radikalmaßnahmen aus dem Gefüge bringt.

Mulchen

In unberührter Natur findet sich niemals blanke Erde. Die Humusschicht ist entweder dicht mit Pflanzen bewachsen oder mit einem »Teppich« aus Tier- und Pflanzenresten überzogen. So eine Decke bewahrt den Boden vor Erosion, schützt ihn vor Wind, Sonne und Regen. Auch im naturgemäßen Garten setzt man den Boden nicht schutzlos der Witterung aus und sorgt durch mulchen für ständige Bodenbedeckung. Als Mulchen bezeichnet man allgemein die Abdeckung des Bodens mit Materialien organischer Herkunft (Rasenschnitt, Laub, Stroh, Häcksel, Mistkompost usw.) oder mit synthetischen Stoffen (Folien, Vliese).

In meiner Gartenpraxis hat sich kurzer Rasenschnitt diesbezüglich hervorragend bewährt. Mit Rasenschnitt bedeckte Beete sind optisch ansprechend, und das Material wird im Gegensatz zu holzigen und strohigen Stoffen in kürzester Zeit zu Humus. Um Fäulnis vorzubeugen und Schnecken das Leben schwer zu machen, empfiehlt es sich, Mulch nur in dünnen Schichten und in angetrockneter Form auszubringen.

Nicht nur aus ästhetischen Gründen ist organischen Materialien der Vorzug zu geben. Sie verbessern auch die Bodenstruktur und damit die Wasserhaltefähigkeit des Bodens. Zudem bieten nur sie Nahrung für Regenwurm und Co. und sorgen so für mehr Bodenfruchtbarkeit. Der höhere Nährstoffgehalt gemulchter Beete gegenüber ungemulchten Flächen hat sich in meinem Gemüsegarten immer wieder an deutlich vitalerem Pflanzenwuchs bewiesen. Mulchdecken tragen ferner dazu bei, lästigen »Unkraut«wuchs weitgehend zu unterdrücken, schützen den Boden vor Temperaturschwankungen und Verdunstung. Hack- und Gießarbeiten lassen sich folglich wesentlich reduzieren. Setzlinge von Gemüsepflanzen brauchen selbstverständlich gezielte Wassergaben. Ansonsten ist Gießen nur im Falle lang anhaltender Trockenheit angebracht, wobei grundsätzlich gilt, lieber selten, dafür aber durchdringend in den Wurzelbereich der Pflanzen wässern.

Lebendige Erde durch Mikroorganismen

Lebendiger Gartenboden, bevölkert von unzähligen Kleinstlebewesen und anderen Mikroorganismen, ist das Ziel des Gärtners. Häufig ist das heute zur Verfügung stehende Land in dieser Hinsicht keinesfalls im Idealzustand. Jahrzehntelange Spritzungen mit Pestiziden und zunehmende Bodenversalzung durch synthetische Dünger haben vielerorts eine nachhaltige Schädigung des Bodenlebens zur Folge.

Zu Regenerationszwecken ist ein gezielter Einsatz von effektiven und nützlichen Mikroorganismen (EM) möglich. Der japanische Wissenschaftler Prof. *Dr. Teruo Higa* hat eine spezifisch zusammengesetzte Mikroben-Mischkultur entwickelt, die aus Photosynthesebakterien, Hefen, Milchsäurebakterien und Pilzen besteht. Ihre Anwesenheit reinigt Luft und Wasser im Boden und führt nachhaltig zu mehr Bodengesundheit. Außerdem werden durch ihre Ausscheidungen beträchtliche Mengen pflanzenverfügbarer Nährstoffe freigesetzt. Die Impfung von Böden mit EM (durch Zugabe ins Gießwasser) ist nicht nur zum Zwecke der Wiedergesundung von Böden, sondern auch als vorbeugende Maßnahme empfehlenswert. Ein reichhaltiges Mikrobenleben im Garten wird sich letztendlich immer positiv auf Wachstum, Ertrag und Qualität der Ernten auswirken.

Mischkultur und Gründüngung

Die Vorteile von vielfältigen Pflanzengemeinschaften wurden bereits detailliert dargelegt. Die Tatsache, dass im Mischkulturengarten der Boden langfristig in gutem Zustand erhalten wird, verdient an dieser Stelle eine nochmalige Erwähnung. Eine dichte Bepflanzung rund ums Jahr schützt vor Bodenverkrustung und Verschlämmung. Seit alters her ist bekannt, dass jahrelanger Anbau der gleichen Pflanzenart auf dem selbem Standort zu einseitigem Nährstoffentzug führt und den Boden »ermüden« lässt. Ein praktizierter Fruchtwechsel ist deshalb unerlässlich. Im Mischkulturengarten wird den Problemen, resultierend aus einseitiger Bewirtschaftung, durch eine große Anzahl verschiedener Pflanzenarten auf engem Raum von Anfang an vorgebeugt. Neben einem solchen »räumlichen« Fruchtwechsel ist auch ein »zeitlicher« Fruchtwechsel gegeben, werden doch viele Reihen bereits innerhalb einer Saison mit unterschiedlichen, aufeinander folgenden Kulturen bestellt.

Die gezielte Einbeziehung von Gründungssaaten bedeutet dabei eine Erweiterung des Mischkulturensystems. Auch Gründüngungspflanzen sorgen für Bodenbedeckung und aktivieren das Bodenleben. Tiefwurzelnde Gewächse wie z. B. Luzerne und Klee erschließen tiefste Schichten und lockern den Boden. Eine der bewährten Gründüngungspflanzen ist Senf. Er wächst rasch, überzieht das Land bald mit einem grünen Teppich und hinterlässt eine gut durchwurzelte Erde. Durch die Einschaltung von Leguminosen, wie z. B. Bohnen, Erbsen, Lupinen und Klee lässt sich eine gezielte Stickstoffdüngung durchführen. Diese Hülsenfrüchte bilden eine enge Lebensgemeinschaft (Symbiose) mit bestimmten Bakterien im Boden. Mit deren Hilfe binden sie freien Stickstoff aus der Luft und lagern diesen in kleinen Wurzelknöllchen ab. Er steht nun nachfolgenden Kulturen als Nährstoff zur Verfügung.

Noch nicht bestellte Beete im Frühjahr sowie bereits abgeerntete Flächen im Herbst, werden breitwürfig, vorzugsweise mit Senf, eingesät. In Mischkulturengärten sind zudem während der Hauptwachstumszeiten Gründüngungssaaten nicht nur möglich, sondern sogar erwünscht. Diese werden in Form von Untersaaten unter verschiedenen Kulturen

Untersaaten:
Inkarnatklee (oben, links),
Ringelblumen (oben, rechts)
und Erbsen-Bohnen-Gemisch (rechts).

praktiziert. Seit vielen Jahren sorgen in meinem Küchengarten Ringelblumen unter Tomaten für schädlingsfreie Erde, reichert Inkarnatklee unter Zuckermais und ein Erbsen-Bohnen-Gemisch zwischen Kohl und Sellerie den Boden mit Stickstoff an. Werden die Untersaaten nach einigen Wochen zu krautig, werden sie abgehackt und bleiben als schützende Mulchdecke auf dem Beet.

Düngung

Ist die Schöpfung nicht vollkommen? In freier Natur sind sowohl Tiere als auch Pflanzen Teile eines natürlichen Kreislaufs. Alle ernähren sich Zeit ihres Lebens von der Erde. Sterben sie, gehen sie langsam in Verwesung über, um schließlich die Basis für neues Leben zu bilden.

Sowohl in Kulturlandschaften als auch in Gärten ist ein derart intakter Kreislauf nicht mehr gegeben. Laufendes Ernten heißt in letzter Konsequenz einseitiges Nehmen. Mulchdecken und Gründüngungssaaten können maßgeblich zur Erreichung bzw. Erhaltung einer optimalen »Bodengare« beitragen. Solch ein idealer Reifezustand eines Gartenbodens äußert sich in feinkrümeliger Struktur mit guter Wasserführung, reichem Bodenleben, hohem Humusgehalt und einem ausgewogenen Verhältnis an Pflanzennährstoffen. Hier finden Pflanzen beste Grundvoraussetzungen für ein üppiges Wachstum. Durch intensive Bewirtschaftung und den Anbau anspruchsvoller Kulturpflanzen werden jedoch gerade Nutzgärten Nährstoffe in hohem Maße entzogen. Um den Boden nicht auszubeuten, sind deshalb zusätzlich zu Mulch und Gründüngung gezielte Düngergaben notwendig.

Pflanzen benötigen als Hauptnährstoffe Stickstoff (N), Phosphor (P) und Kali (K), nebst Kalk und Spurenelementen. Stickstoff fördert generell das Pflanzenwachstum, Phosphor wirkt sich positiv auf die Blüten- und Fruchtbildung aus, während Kali die Bildung von Wurzeln und Knollen unterstützt und für gesundes und festes Pflanzengewebe sorgt. Kalk wirkt einer Bodenübersäuerung entgegen und verbessert dessen Struktur. Als Spurenelemente sind von Bedeutung Magnesium und Eisen, die u.a. für die Bildung von Chlorophyll gebraucht werden. Für die komplexen Stoffwechselvorgänge in Pflanzen werden zudem kleinste Mengen an Kupfer, Mangan, Bor, Chlor, Molybdän und Zink benötigt.

Bei der Versorgung von Pflanzen ist grundsätzlich zwischen mineralischen und organischen Düngemitteln zu unterscheiden. Bei chemisch-synthetischen Stoffen spricht man von »Kunstdünger«. Diese sind gut wasserlöslich und werden von den Pflanzen schnell aufgenommen. Ein Einsatz solcher Dünger ist geradezu gleichzusetzen mit einem »Doping für Pflanzen«, zu einem hohen Preis. »Kunstdünger« bestehen zu 70 Prozent aus Salzen und bergen die Gefahr einer Bodenversalzung. Deren Folgen sind fatal für das empfindliche Gleichgewicht des Lebens im Boden. Kleinstlebewesen wandern ab oder sterben sogar. Die vorhandene Humusschicht und die mit ihr verbundene natürliche Bodenfruchtbarkeit nimmt ab. Eine Erhöhung der Kunstdüngermenge ist nun vorprogrammiert. Zudem bedenke man, dass mastig gefütterte Pflanzen anfällig für Krankheiten und »Schädlinge« sind. Jetzt ist auch der Griff zu chemischen Pflanzenschutzmitteln nicht mehr weit. Aroma und Geschmack derart gezogener Gemüse und Obstfrüchte leiden und ihr Gehalt an Vitaminen und anderen Vitalstoffen ist vergleichsweise geringer.

Das Fazit: Langzeitschäden durch künstliche Düngung stehen in keinem Verhältnis zu kurzfristig möglichen Erfolgen. Der Einsatz von Kunstdünger ist deshalb in naturgemäß bewirtschafteten Gärten nicht sinnvoll. Er ist auch unnötig, stehen doch eine Reihe unproblematischer, organischer Düngeformen zur Verfügung, die Nährstoffe tierischen oder pflanzlichen Ursprungs liefern.

Im Vergleich zu Kunstdüngern wirken organische Dünger langsamer. Die Materialien müssen erst durch Mikroorganismen zersetzt werden, um von den Pflanzenwurzeln aufgenommen werden zu können. Organischer Dünger nährt nicht die Pflanze, er nährt primär das Leben im Boden und regt damit die bodeneigene Nährstoffproduktion an. Umgekehrt gilt, je reicher ein Boden bereits mit Kleinstlebewesen bevölkert ist, die in der Lage sind, Dünger pflanzenverfügbar aufzubereiten, desto schneller zeigt sich die Wirkung derartiger Materialien. Die Nährstoffe werden nicht nur langsam und stetig freigesetzt, sie werden auch durch Mikroorganismen im Boden gebunden und stehen den Pflanzen ganz nach deren »individuellem Speiseplan« zur Verfügung. Auch die Pflanze »ist, was sie isst«. Gesund ernährte Pflanzen sind vital und widerstandsfähig, schmecken aromatisch und haben einen hohen Ernährungswert.

Ideal als Bodenverbesserungsmittel im naturgemäßen Garten ist ein richtig zusammengesetzter und gut gepflegter Kompost. Ein solcher Kompost bietet alle Nährstoffe in einem ausgewogenen Verhältnis und hält den Boden lebendig. Eine Grunddüngung mit drei Liter Kompost pro Quadratmeter im Jahr, dürfte in den meisten Fällen ausreichend sein. Man sollte aber auch manche Spezialkomposte beachten, wie den Mistkompost. Dieser vorrangig aus Kuhmist (möglich sind auch Beigaben von Schweine-, Pferde- oder Hühnermist) entstandene Kompost ist äußerst nährstoffreich und besonders gut für Starkzehrer geeignet. Für alle tierischen Dünger gilt, dass sie aus Biobetrieben mit artgerechter Tierhaltung stammen sollten. Mist von Tieren vollgepumpt mit Antibiotika und Hormonen ist schädlich und deswegen völlig unbrauchbar.

Reifer Kompost kann im Herbst oder im Frühjahr flach eingearbeitet werden. Von der althergebrachten herbstlichen Ausbringung von frischem Mist rate ich ab.

Maria Thun, die bereits auf mehr als 40 Jahre Erfahrung in naturgemäßem Landbau zurückblickt, nennt in ihren Schriften einen Hauptgrund für erhöhten Pilzbefall an Pflanzen: »Falsche Düngung, z. B. durch unreife, organische Dünger oder tierische Körpersubstanzen, die nicht kompostiert wurden. Die beste Vorbeugung ist das Ausbringen reifer Komposte im Herbst«. Eine Erfahrung, die sich mit meinen Beobachtungen absolut deckt. So wurden meine Rosen in Jahren, in denen ich ihnen eine herbstliche Gabe frischen Mistes verordnete, deutlich stärker von Sternrußtau und Rosenrost befallen.

Für die allermeisten Gewächse ist eine jährlich einmalige Kompostgabe völlig ausreichend. Lediglich sehr hungrige Gesellen wie Kohl, Mais, Gurken oder Tomaten brauchen unter Umständen eine zusätzliche Gabe eines stickstoffhaltigen Düngers, z. B. in Form von Hornspänen oder Pflanzenjauchen.

Wirken Hornspäne relativ zögerlich, stellen Pflanzenjauchen sehr hochwertige Dünger dar, die von den Gewächsen sehr schnell aufgenommen werden können. Pflanzenjauchen sind problemlos selbst herzustellen. Besonders Brennnessel liefern eine ausgezeichnete Jauche, die sehr sticksoffreich ist. Ein gelegentlicher Schluck Brennnesseljauche bekommt nahezu allen Pflanzen, für Starkzehrer ist er unverzichtbar. Eine empfehlenswerte Jauche lässt sich auch aus Beinwell bereiten. Sie ist verhältnismäßig reich an Kali, was Fruchtgemüsen, insbesondere Tomaten, gut bekommt. Gegossen wird immer in den Wurzelbereich in einer Verdünnung 1:10 bis 1:20.

Für das Gedeihen von Pflanzen mitentscheidend ist auch der pH-Wert des Bodens (die Skala reicht von 1-14), d.h. ob der Boden sauer oder alkalisch ist. Die meisten Pflanzen wachsen am besten in neutraler Erde (pH 7). Saueren Boden kann man kalken, wobei Meeresalgenkalk zu bevorzugen ist. Durch naturgemäße Pflegemaßnahmen entstehen in Biogärten allerdings kaum Kalkmängel.

Eine Wohltat für jeden Boden ist jährlich mehrmaliges Streuen geringer Mengen Urgesteinsmehl. Anteile an Silizium, Kalk, Kali, Magnesium und weitere zahlreiche Spurenelemente kurbeln sanft, aber nachhaltig die Bodenfruchtbarkeit an.

Das Fazit: Natürlich gedüngte Böden bleiben nachhaltig fruchtbar und gesund. Dennoch gilt, Düngung mit Maß und Ziel ist oberstes Gebot. Viele Gartenböden weisen einen zu hohen Nährstoffgehalt auf, der sich zum Nachteil von Pflanzenwachstum und -gesundheit entwickelt. Deshalb ist es ratsam, sich durch Bodenuntersuchungen im Abstand einiger Jahre Klarheit über den Zustand des Bodens und des aktuellen Nährstoffbedarfs zu schaffen.

Platz für Komposthaufen und Jauchefässer:
ein Muss im Biogarten.

Praxistipp – Praxistipp – Praxistipp – Praxistipp

Jaucheherstellung zu Düngezwecken

Ein Kilokramm frisches Kraut (oder 100 bis 200 Gramm getrocknetes Material) wird mit 10 Liter kaltem Wasser angesetzt. Der Gärungsprozess setzt je nach Temperatur nach ein bis zwei Tagen ein und ist nach zwei bis drei Wochen abgeschlossen. Tägliches Umrühren bringt Sauerstoff in die Flüssigkeit und fördert diesen Prozess. Etwas zugefügtes Gesteinsmehl reduziert die Geruchsbelastung. Nur in verdünnter Form (10 Teile Wasser, ein Teil Konzentrat) ausbringen!

Kompostbereitung

Guter Kompost setzt Sorgfalt im Aufbau voraus. Wir achten auf ein günstiges Verhältnis von kohlenstoffreichem Material (z.B. Stroh, verholzte Stauden) und stickstoffreichem Material (z.B. Mist, Grünschnitt von Rasen, Küchenabfälle pflanzlichen Ursprungs) von 100:1. Sämtliche Kompostmaterialien sind locker und luftdurchlässig aufzuschichten. Sauerstoff und mäßige Feuchtigkeit sind Grundvoraussetzungen für eine gute Rotte. Vorsicht: Grüner Rasenschnitt und Küchenabfälle verdichten den Kompost und begünstigen Fäulnis! Einmaliges Umsetzen, das Lockerung und Durchlüftung bringt, fördert den Reifeprozess. Wir wählen für die Kompostanlage einen halbschattigen Platz, der vorzugsweise durch Bäume oder Sträucher vor starken Winden geschützt ist. Ferner braucht Kompost Erdkontakt, um Bodenlebewesen die Möglichkeit zu geben, in den Kompost einzuwandern.

Bodenbearbeitung

Im Herbst und im zeitigen Frühjahr bereitet man das Gartenland für die kommende Saison vor. Vorraussetzung für jede Bodenbearbeitung ist, dass der Boden ausreichend abgetrocknet ist. Die Bearbeitung nasser Böden führt zu Verdichtung und Strukturverlust.

Im Biogartenbau rät man gewöhnlich von althergebrachtem Umgraben im Herbst ab. Zu zerstörerisch sei dieser Eingriff für das Leben im Boden, das sich genau in dieser obersten 20 Zenimeter tiefen Humusschicht abspielt. Stattdessen werden herbstliche Gründüngungssaaten, die als schützende Decke über den Winter liegen bleiben sowie Lockern mit Grabgabel oder Sauzahn als ausreichende Maßnahmen betrachtet. Diese Ansicht hat meinen Erfahrungen zu Folge nur bedingt Gültigkeit, da sie in unmittelbarem Zusammenhang mit dem jeweiligen Bodentyp zu sehen ist. Diese Art der Bodenbearbeitung ist ohne Zweifel die natürlichste. Kommt man bei leichten, sandigen Böden gut ohne Umgraben zurecht, kann es für mittelschwere bis schwere Lehm- und Tonböden nach wie vor unverzichtbar sein.

Der Boden in meinem Küchengarten ist als mittelschwerer, sandiger Lehmboden einzustufen. Jedes Jahr im Herbst wird er grobschollig umgegraben und reifer Mistkompost

Herbstliches Umgraben ist eine echte »Männerarbeit«.

eingearbeitet. Im Frühjahr ist durch die Frostgare lockere, feinkrümelige Erde entstanden, die stets nur oberflächlich bearbeitet und für die Saat vorbereitet wird. Viele Vergleichsversuche unter Verzicht aufs Umgraben lieferten im Frühjahr deutlich verdichteteren Boden, der nur langsam abtrocknete. Pflanzen auf im Herbst umgegrabenem Land zeigten ohne Ausnahme besseres Wachstum.

Maria Thun rät aus einem weiteren Grund zur überlieferten traditionellen Bodenbearbeitung: »Dadurch (Anm.: das Liegenlassen des Bodens in offener Scholle) kann der Boden über Winter die kosmischen Kräfte aufnehmen...« Und weiter: »In der Natur finden wir übrigens auch ein Beispiel für die positiven Impulse eines offenen Bodens im Winter. Wenn in warmen Wintern die Feuchte im Boden von Niederungswiesen zu groß wird, verwandelt der Maulwurf die Wiese in eine Hügelkultur. So wird die Erde den positiven kosmischen Winterkräften ausgesetzt. Jeder Bauer und Gärtner kennt die guten Eigenschaften der Maulwurfshügel-Erde und verwendet sie gerne für Aussaaten oder zum Düngen von Wiesen.«

Pflanzenschutz im naturgemäßen Garten

Auch ein Gärtner hat es nicht immer leicht, können ihm doch so mache Plagegeister wie Schnecken, Vögel, Raupen, Läuse usw. das Leben schwer machen.

Bereits *Johann Wolfgang von Goethe* hat sich mit diesem »Problem« befasst und unter dem Titel »Hausrecht« folgende Zeilen geschrieben:

> »Keinem Gärtner verdenk ich´s,
> dass er die Sperlinge scheuchet;
> Doch nur Gärtner ist er,
> jene gebar die Natur.«

Ich denke, dass wir uns eine Einstellung zu eigen machen sollten, die uns sagt, all die kleinen Mitbewohner im Garten sind nicht mehr, aber auch nicht weniger als der Mensch, nämlich Geschöpfe von Gottes Natur. Vielleicht müssen wir ihnen unter diesem Gesichtspunkt ein gewisses »Hausrecht« einräumen. Zumindest verhilft eine derartige Erkenntnis dazu, so manchem Ärger mit mehr Gelassenheit zu begegnen und die Freude am Gärtnern bleibt erhalten.

Halten wir uns immer vor Augen, dass die Schöpfung ein in sich perfektes System ist, das stets für eine natürliche Balance sorgt. Erst Eingriffe durch Menschenhand führen zur Störung dieses Gleichgewichts. Monokulturen auf toten, mit Chemikalien belasteten Böden, bilden die Basis für unkontrolliertes Ausbreiten von »Schädlingen« und Krankheiten.

Bewirtschaften wir unseren Garten unter Beachtung der Gesetze der Natur, sorgen wir für lebendige Erde und ein vielfältiges Miteinander von Pflanzen und Tieren, haben »Schädlinge« und Krankheiten wenig Chancen. Vor so manchem Belastungsfaktor kann jedoch auch der Biogärtner sein Land nicht schützen. Zunehmende Umweltverschmutzung und saurer Regen sind heute dauernde Stressfaktoren für Pflanzen und Böden.

Ein naturverbundener Gärtner versucht möglichst nicht in das System Garten einzugreifen. Sollte ein regulierender Eingriff allerdings doch einmal notwendig sein, sind selbstverständlich alle giftigen Chemikalien ein absolutes Tabu. Diese wirken zerstörerisch auf alles Leben. Im Kampf gegen »Schädlinge« werden auch »Nützlinge« wie Marienkäfer, Schlupfwespen und Florfliegen sterben. Werden diese natürlichen Feinde so mancher Schadinsekten (z. B. Blattläuse) vernichtet ist erneuter Schädlingsbefall vorprogrammiert. Der Teufelskreislauf hat begonnen.

So bedienen wir uns der Mittel, die die Natur selbst zur Verfügung stellt. Alle diese Stoffe, meist Auszüge aus Kräutern, werden schnell und rückstandslos abgebaut, reichern sich weder in Pflanzen, Tieren oder im Boden an und stellen somit keinerlei Umweltbelastung dar. Das natürliche Gleichgewicht wird nicht gestört. Biologische Pflanzenschutzmittel kann man als so genannte »sanfte Medizin« für Pflanzen bezeichnen. Substanzen aus Kräutern können »Schädlinge« vertreiben, manchmal auch töten. Die Hauptwirkungsweise dieser Mittel beruht aber auf einer Kräftigung der Pflanzen, die auf diese Weise widerstandsfähiger gegen Krankheiten und »Schädlinge« werden. Es empfiehlt sich eine frühzeitige, möglichst vorbeugende Behandlung gefährdeter Kulturen, die öfter wiederholt werden sollte.

»Gegen jedes Wehwehchen ist ein Kräutlein gewachsen«, spricht der Volksmund. Eine Weisheit, die auch auf den Garten übertragbar ist. Hier einige Beispiele für die unterschiedlichen Heilwirkungen verschiedener Kräuter bei »Pflanzenleiden«:

Als eines der wirkungsvollsten Mittel gegen Pilzkrankheiten erweist sich Ackerschachtelhalmtee. Die im Ackerschachtelhalm enthaltene Kieselsäure festigt das Zellgewebe; Pilzsporen können es nur noch schwer durchdringen. Pilzbefall an Rosen oder Tomaten lässt sich durch regelmäßige, vorbeugende Spritzungen mit Ackerschachtelhamtee in Grenzen halten.

Noch gärende Brennnesseljauche wirkt ätzend auf »Schädlinge« jeder Art und wird bevorzugt bei Läusebefall eingesetzt.

Die Duftstoffe anderer Gewächse töten »Schädlinge« zwar nicht ab, helfen aber sie zu vertreiben. So verjagt z. B. Jauche aus Tomatentrieben, über Kohlpflanzen gesprüht, den Kohlweißling.

> **Praxistipp – Praxistipp**
>
> **Zubereitung von Ackerschachtelhalmtee**
>
> 1,5 Kilogramm frisches Kraut oder 200 Gramm getrocknetes Material werden 24 Stunden in kaltem Wasser angesetzt und anschließend eine Stunde lang gekocht. Der abgekühlte und durchgeseihte Tee wird in einer Verdünnung 1:5 auf die Pflanzen gespritzt.

Des Gärtners Lieblingsfeind ist und bleibt die Nacktschnecke. Ein Grund, warum diesen Geschöpfen hier an dieser Stelle ein paar Extrazeilen gewidmet sein sollen.

Vor allem die Spanische Wegschnecke, die vor cirka drei Jahrzehnten aus Südeuropa bei uns eingeschleppt wurde, hat sich aufgrund des für sie günstigen feucht-kühlen Klimas und des Fehlens ausreichend natürlicher Feinde sehr stark vermehrt.

Jeder sollte wissen, dass Schnecken als Nahrung abgestorbene Pflanzenteile oder anderes verwesendes, organisches Material bevorzugen. Da nach konventionellen Methoden angebautes Gemüse weniger vital ist, wird es von Schnecken weit mehr geschätzt, als Biogemüse. Auch hier ein Pluspunkt für den naturgemäßen Gartenbau. In jedem Garten sollte es naturnahe Bereiche geben, die Unterschlupf für Igel, die natürlichen Feinde der Schnecken, gewähren. Auch so lässt sich die Schneckenpopulation begrenzen. Man sollte sich jedoch nicht der Illusion hingeben, zu erwartende Schneckeninvasionen aus benachbarten Gärten, Feldern und Wiesen würden am Zaun des Biogartens Halt machen und angeekelt von derart gesunden Pflanzen unverrichteter Dinge abziehen.

In meinem Garten wird keinerlei Art von Schneckenkorn gestreut. Vorbeugend wurde eine für die Plagegeister unüberwindbare Barriere rund um den Gemüsegarten errichtet,

Ein freundlicher Geselle.
Betrachten wir die Natur niemals als Feind, den es zu bekämpfen gilt. Sehen wir sie vielmehr als unseren Verbündeten. Und wir werden erleben, dass sie uns für viele Problemfälle eine Lösung bietet.

DER BÄUERLICHE KÜCHENGARTEN

Schneckenzaun

ein so genannter Schneckenzaun. Eine etwa 15 Zentimeter hohe, im 45 Grad Winkel umgekantete Blecheinfassung zeigt gegen die Große Wegschnecke und die Spanische Wegschnecke sehr gute Wirkung. Lediglich vereinzelt schaffen es die wenigen Akrobaten unter den Schnecken, den Zaun zu überwinden. Ich gehe stets mit offenen Augen durch den Garten. So ist es kein Problem diese verirrten Einzelgänger in die freie Natur, abseits von Gemüse- und Blumenbeeten, umzusiedeln.

Gärtnern nach kosmischen Gesichtspunkten

Macht man sich Gedanken über optimale Wachstumsbedingungen für Pflanzen, muss man sich auch mit dem Thema »Gärtnern nach dem Mond« beschäftigen.

Was versteht man darunter? Vereinfacht ausgedrückt heißt »Gärtnern nach dem Mond« die Pflanzen entsprechend ihrer Zuordnung zu Blatt-, Blüte-, Frucht- oder Wur-

Die Schnecken

*Rötlich dämmert es im Westen,
Und der laute Tag verklingt,
Nur dass auf den höchsten Ästen
Lieblich noch die Drossel singt.*

*Jetzt in dichtbelaubten Hecken,
Wo es still verborgen blieb,
Rüstet sich das Volk der Schnecken
Für den nächtlichen Betrieb.*

*Tastend streckt sich ihr Gehörne.
Schwach nur ist das Augenlicht.
Dennoch schon aus weiter Ferne
Wittern sie ihr Leibgericht.*

*Schleimig, säumig, aber stete,
Immer auf dem nächsten Pfad,
Finden sie die Gartenbeete
Mit dem schönsten Kopfsalat.*

*Hier vereint zu ernsten Dingen,
Bis zum Morgensonnenschein,
Nagen sie geheim und dringen
Tief ins grüne Herz hinein.*

*Darum braucht die Köchin Jettchen
Dieses Kraut nie ohne Arg.
Sorgsam prüft sie jedes Blättchen,*

Ob sich nichts darin verbarg.

*Sie hat Furcht, den Zorn zu wecken
Ihres lieben Herrn.
Kopfsalat, vermischt mit Schnecken,
Mag der alte Kerl nicht gern.*

Wilhelm Busch

zelpflanzen an den dafür nach der Konstellation der Planeten, v. a. nach dem Stand des Mondes im Tierkreiszeichen, günstigen Tagen zu säen, zu pflanzen, zu pflegen und zu ernten. Das Vorhandensein kosmischer Einflüsse auf unsere Erde ist unumstritten und ebenso bin ich von deren Auswirkungen auf die Pflanzenwelt überzeugt. *Maria Thun*, sie hat mittlerweile ein ganzes Leben in den Dienst der Erforschung kosmischer Auswirkungen auf Pflanzen gestellt, aber auch ihre Schüler, wie z. B. *Gabriele Freitag-Lau* und *Kurt Walter Lau*, bringen jährlich ihre Aussaattage-Kalender heraus. Sie arbeiten auf der Basis der wissenschaftlichen Astronomie, also nach dem tatsächlichen Stand der Planeten am Himmel. Ganz im Gegensatz zu den »Nur-Mondkalendern«, die ihre Empfehlungen nach astrologischen Gesichtspunkten publizieren. (Anm. Bearbeiter.) Ihre langjährigen und groß angelegten Versuche haben den Einfluss des Mondes und der anderen Planeten auf Wachstum, Geschmack, Qualität und Haltbarkeit von Gemüse und Früchten bestätigt. Ergebnisse, die in keiner Weise anzuzweifeln sind, auch wenn sie in der »kleinen Welt« des Hausgartens nicht immer deutlich sichtbar zu Tage treten. Sind doch für ein zufrieden stellendes Gedeihen aller Gewächse, neben der Beachtung der Mondkonstellationen auch Bodenqualität, Pflanzennachbarschaften und klimatische Bedingungen bedeutsam.

Praxistipp – Praxistipp – Praxistipp – Praxistipp

Die Zuordnung von Pflanzen zu Pflanzengruppen nach kosmischen Gesichtspunkten

Wurzelpflanzen: Möhren, Radieschen, Rettiche, Rote Bete, Schwarzwurzeln, Knollensellerie, Zwiebeln, Knoblauch, Kartoffeln

Blattpflanzen: Weiß- und Rotkohl, Wirsing, Blumenkohl, Kohlrabi, Kopfsalat, Endivien, Feldsalat, Chicoree, Mangold, Spinat, Blattkräuter

Blütenpflanzen: Blumen, Brokkoli

Fruchtpflanzen: Bohnen, Erbsen, Getreide, Gurken, Tomaten, Kürbisse, Mais, Paprika, Baum- und Strauchobst, Erdbeeren

Eine besondere Liebe: Historische Rosen im Bauerngarten

Die Königin der Blumen

Die Rose ist von Sagen und Mythen umwoben, unzählige Male von Künstlern und Dichtern gehuldigt, von Königinnen und Königen verehrt. Man sagt von ihr, sie sei die Königin der Blumen. Mit der Rose verbindet mich eine Leidenschaft, die diese Schönheit zur Königin der Blumen auch in meinem Garten werden ließ.

Der Weg der Rose

Im Dritten Jahrtausend vor Christus tauchen Rosen als Bestandteil chinesischer Gartenkultur auf. Auch in Persien und im antiken Griechenland werden bereits vor Christi Geburt Rosen kultiviert. In den Schriften griechischer Dichter um 500 v. Chr. wird berichtet, dass die Athener Kränze aus Rosen getragen haben. Von Griechenland aus gelangte die Rose nach Rom. Kaiser *Nero*, der von 37 bis 68 v. Chr. regierte, feierte rauschende Feste in einem Meer aus Rosenblüten. Nach dem Untergang des Römischen Reiches wurde es still um die »Königin« der Blumen, ehe sie im Mittelalter eine Renaissance erlebte. *Karl der Große* führt sie im Achten Jahrhundert nach Christus in seinem »Capitulare de Villes« auf. Die Rose wurde fester Bestandteil von Klostergärten und zum Symbol christlicher Mythologie. Ihre größte Bedeutung erlangte sie allerdings als Heilpflanze. Als solche wird sie in den medizinischen Büchern der *Heiligen Hildegard von Bingen* im 12. Jahrhundert empfohlen. Als berühmte Rosensammlerin

Schöne Kletterrosen in voller Blüte.

> *Das Herz und die Rose sind das einzig Unvergängliche.*
>
> Paracelsus

der Neuzeit gilt Kaiserin *Josephine*, Gattin des *Napoleon Bonapart*. Bei Schloss Malmaison ließ sie einen heute noch faszinierenden Rosengarten anlegen, mit hunderten von Rosensorten aus aller Welt.

Eine Vielfalt von Rosenzüchtungen verspricht dem Rosenliebhaber im 21. Jahrhundert ein scheinbares Paradies. Jedes Jahr kommen Neuheiten hinzu, Rosen blühen in allen erdenklichen Farben und Formen. Doch wirken sie nicht selten etwas schrill, unnatürlich steif. Oftmals sind die modernen Rosen krankheitsanfällig. Und vor allem haben sie fast alle eines verloren, nämlich den so sprichwörtlichen Duft.

Rosennostalgie im Bauerngarten
In traditionellen Bauerngärten finden sich mit etwas Glück manchmal uralte Rosenstöcke, die nichts mit modernen Rosen gemein haben, aber einen unvergleichlichen Charme besitzen.

Die meisten der so genannten alten, historischen Gartenrosen sind in der Zeit vor 1900 entstanden. Es handelt sich durchweg um Sträucher mit natürlichem Wuchs. Die Schönheit der Blüten alter Rosen liegt in der geöffneten, rosettenförmigen Blüte und weniger wie im Falle moderner Edelrosen in der Knospe. Fast alle historischen Rosen verströmen einen mehr oder weniger betörenden Duft. Einen Duft, ohne den eine Rose niemals als vollkommen gelten kann. Die ursprüngliche Farbe der Rose ist rosa bis hin zu violetten Tönungen, selten weiß, kaum gelb. Alte Rosen spiegeln diese ursprüngliche Palette weicher Farbtöne wider. Die grellen, blendenden Farben moderner Rosenzüchtungen stören nicht selten das harmonische Gesamtbild von Gärten. Regelrechte Fremdkörper sind diese Gewächse in der natürlichen Pflanzenvielfalt ländlicher Gartenanlagen.

Alte, historische Rosen lassen sich in zwei großen Gruppen unterteilen.

Eine Gruppe bilden die Rosenklassen, die bereits vor Einführung der so genannten China-Rose Ende des 18. Jahrhunderts entstanden.

Zu ihnen zählen Gallica-Rosen. Aus der in Mittel- und Südeuropa beheimateten Wildform der *Rosa gallica* sind unsere ältesten Gartenrosen hervorgegangen. Eine bekannte Vertreterin dieser Rosenklasse ist *Rosa gallica officinalis*, die Apothekerrose. Jahrhunderte lang wurde sie zu medizinischen Zwecken kultiviert, wovon bereits ihr Name kündet. Das Farbspektrum von Gallica-Rosen reicht von rosa bis zu äußerst dunklen purpur-violett Tönungen, wie sie sich kaum bei anderen alten Rosenklassen wiederfinden.

Bei der Entwicklung weiterer alter Rosenklassen waren Gallica-Rosen mehr oder weniger stark beteiligt. Aus einer natürlichen Kreuzung der *Rosa gallica* mit der Wildrose *Rosa phoenicea* ging die Klasse der Damacena Rosen hervor. Wiederum aus Kreuzungen von Damacena-Rosen mit der gewöhnlichen Hundsrose *Rosa canina* entstanden die Alba Rosen, deren Wurzeln bis in die Antike zurückreichen. Zentifolien und Moosrosen vervollständigen den Reigen alter Rosenklassen. Dabei sind die Grenzen zwischen den einzelnen Klassen fließend. Generell handelt es sich um großwüchsige Sträucher. Natürlicher Wuchs, filigranes Laub, unterschiedliche Duftnoten dezenter Blüten, begründen ihre Schönheit. Nur einen »Nachteil« haben alle diese Rosen gemeinsam. Sie blühen nur einmal im Jahr. Hat man allerdings Schönheit und Anmut dieser Rosen einmal erlebt, wird man wohl kaum noch von Nachteilen sprechen. Abgesehen davon, dass wir eine ganzjährige Blütezeit von keinem anderen Strauch (z. B. Flieder) erwarten, sollten wir folgendes bedenken: Blüten, die sich unserem Auge einen ganzen Sommer lang zeigen, werden schnell zur Gewohnheit. Blüten, die uns über einige Wochen erfreuen, werden zum Erlebnis.

Gegen Ende des 18. Jahrhunderts brachten Kaufleute aus China eine Rose mit nach Europa, die, wie schon weiter oben gesagt, als China-Rose bezeichnet wurde. Es handelte sich um eine Rose, die eine revolutionäre Eigenschaft besaß. Sie hatte die Fähigkeit, öfter im Jahr zu blühen.

Aus Kreuzungen bisher bekannter europäischer Rosen mit der China-Rose entstand nun eine zweite große Gruppe alter Rosen. Ihr gehören Remontant-, Bourbon- und Noisetterosen an. Diese hatten hinsichtlich Wuchs- und Blütenform den Charakter bisheriger Rosenzüchtungen, besaßen aber nun die Fähigkeit, öfter im Jahr zu blühen. Ein unglaublicher Fortschritt in der Rosenzüchtung, der allerdings mit einem Wermutstropfen behaftet ist. Verdanken wir der China-Rose nicht nur eine längere Rosenblüte, sondern leider auch eine Pilzkrankheit. Der Sternrußtau, den unsere heimischen Rosen bis dato nicht kannten, kam mit ihr nach Europa.

Vielleicht als Ausdruck einer Sehnsucht nach der guten alten Zeit, vielleicht aber, weil sie ungleich mehr erreichte Schönheit und Harmonie ausstrahlen, werden alte Rosen heute zunehmend wieder entdeckt.

Mit neu gezüchteten »Nostalgie-Rosen« versuchen Rosenzüchter ihre Kundschaft anzusprechen. Dem englischen Rosenzüchter *David Austin* ist es in den letzten Jahrzehnten gelungen, eine ganz neue Rosenklasse zu schaffen, die so genannten Englischen Rosen. Durch Kreuzungen moderner Rosen mit alten Rosen erhielt er Pflanzen, die die Fähigkeit des Öfterblühens mit dem Charme der rosettenförmigen Blüten alter Rosen vereinen. Das etwas derbe Laub mancher Sorten verrät dagegen modernen Einfluss. Besonderes Augenmerk legt *David Austin* bei seinen Rosen auf einen möglichst intensiven Duft. Viele seiner Züchtungen bilden kleinere, kompaktere Sträucher als »echte« alte Rosen, auch eine Reihe von Beetrosen findet sich unter ihnen. Folglich sind Englische Rosen v. a. für kleinere Gärten eine beachtenswerte Alternative.

Rosa gallica officinalis: *die Rose mittelalterlicher Klostergärten.*

Die Erfahrungen in meinem Garten zeigen, dass sie aber meist etwas mehr Pflege benötigen, als so mache historische Rose. Englische Rosen gehören ohne Zweifel zu den gefälligsten Neuheiten auf dem Gebiet der Rosenzüchtung. Dennoch, so meine persönliche Meinung, können sie den Originalen vergangener Tage nicht immer »das Wasser reichen.

Praxistipp – Praxistipp – Praxistipp – Praxistipp

Empfehlenswerte historische Rosen für den Bauerngarten (Auswahl)

Strauchrosen:

weiß	rosa
Rosa alba ›Maxima‹ R. alba ›Mme Legras de Saint Germain‹ R. damascena ›Mme Hardy‹	R. alba ›Great Maiden's Blush‹ R. alba ›Königin von Dänemark‹ Rosa x centifolia ›Muscosa‹ Rosa damascena ›Jacques Cartier‹ Rosa borbonica ›Louise Odier‹
purpur/karmesin	**mehrfarbig**
Rosa gallica ›Cardinal de Richelieu‹ R. gallica ›Charles de Mills‹ R. gallica ›Tuscany Superb‹ R. damascena ›Rose de Resht‹	Rosa borbonica ›Variegata di Bologna‹

Kletterrosen:

weiß	rosa
Noisetterose ›Mme Alfred Carriere‹ Rambler ›Felicite et Perpetue‹	Rambler ›Paul's Himalayan Musk‹ Rosa borbonica ›Zephirine Drouhin‹

purpur/karmesin

Rambler ›Rosa Russeliana‹
Remontantrose ›Souvenir du Dr. Jamain‹

Empfehlenswerte Englische Rosen für den Bauerngarten (Auswahl)

Strauchrosen:	*Kletterrosen:*
Moderne Romantikrose ›Heritage‹ (zartrosa) Mod. Romantikrose ›Mary Rose‹ (intensivrosa) Mod. Romantikrose ›Graham Thomas‹ (gelb) Englische Rose ›Charles Austin‹ (apricot)	Englische Rose ›Constance Spry‹ (rosa)

Rosen im Portrait

›Cardinal de Richelieu‹
Gallica-Rose

Sie zählt zu den dunkelsten Rosen überhaupt. Beinah kugelig wirkende Blüten und ein Strauch, der sich zu einem überhängenden Wall entwickelt, kennzeichnen diese alte Rose.

›Tuscany Superb‹
Gallica-Rose

Samtig leuchtende, kastanienrote Blüten mit goldgelben Staubgefäßen machen die Gallica-Rose einzigartig im Charakter.

›Mme Hardy‹
Damacena-Rose

Edle, cremeweiße Blüten mit verführerischem Duft machen den stattlichen Strauch zum Blickfang in jedem Garten.

›Königin von Dänemark‹
Alba-Rose

Perfekte Blüten in warmem Rosa – diese Strauchrose ist eine der schönsten alten Rosen.

›Reine des Violettes‹
Remontantrose

Beinah stachellose und biegsame Triebe sowie Blüten mit ungewöhnlichem Farbspektrum von purpur bis veilchenblau kennzeichnen die Remontant-Rose. Sie blüht verlässlich ein zweites Mal im Jahr.

›Madame Alfred Carriere‹
Noisetterose

Die zartrosa Blüten der kletternden Noisette-Rose verblassen schnell zu weiß. Ihr üppiger Flor, ihr intensiver Duft und ihre enorme Wuchskraft machen diese halbschattenverträgliche Rose besonders wertvoll.

DER BÄUERLICHE KÜCHENGARTEN

›Charles Austin‹
Englische Rose

Die Blüten der von *David Austin* 1973 gezüchteten starkwachsenden und öfterblühenden Strauchrose bestechen durch ein außergewöhnliches Farbspektrum. Sie zeigen sich von aprikose bis gelb, aufhellend mit einem rosa Hauch. Sie sind groß, gefüllt und verbreiten einen intensiven, fruchtigen Duft.

›Constance Spry‹
Englische Rose

Die einmalblühende ›Constance Spry‹ gehört zu den bezauberndsten neueren Rosen. Große, wohlgeformte Blüten in reinrosa Färbung lassen den mächtigen Strauch zum Traum werden. Sie eignet sich auch hervorragend zur Erziehung als Kletterrose.

Ein besonderes Anliegen: Der Erhalt alter Kulturpflanzen des bäuerlichen Gartens

Von der Wildform zur Kulturform

Die Suche nach den Ursprüngen der Kulturpflanzen führt uns zurück in die Jungsteinzeit. Etwa 5000 bis 3000 v. Chr. datiert man für Europa den Beginn einer bäuerlichen Lebensweise und eine damit verbundene Sesshaftwerdung der Menschen. Wir begeben uns zurück in eine Zeit, in der die Menschen darauf angewiesen sind, was die Natur ihnen bietet. Als sesshafte Menschen beginnen sie Gärten und Äcker anzulegen, in denen sie zunächst Wildpflanzen in Kultur nehmen. Diese werden in relativ ursprünglicher Form angebaut oder aber im Laufe der Zeit durch kontinuierliche Auslese weiterentwickelt, um für den Anbau geeignetere Varianten zu erhalten. Der Mensch übernimmt jetzt einen Anteil an der Vermehrung der Pflanzen, indem er von ausgewählten Exemplaren Samen abnimmt. Erst durch Menschenhand werden aus Wildpflanzen Kulturpflanzen. Kulturpflanzen sind umgekehrt auf Anbau und Vermehrung durch den Menschen angewiesen. Schenkt ihnen der Mensch keine Beachtung mehr, werden sie rasch verwildern und ihre angezüchteten, kulturspezifischen Eigenschaften zusehends wieder verlieren.

Der Anbau der kultivierten Pflanzenarten war zu allen Zeiten einem Wandel unterworfen. Neue Arten kamen hinzu, während Altbekanntes verdrängt wurde. So verloren viele in Europa heimische Wurzelgemüse (z. B. Zuckerwurzel, Haferwurzel) mit der Verbreitung der Kartoffel im 18. Jahrhundert an Bedeutung. Selbstversorgung rund ums Jahr war über Jahrhunderte hinweg ein wesentlicher Aspekt im Zusammenhang mit der Auswahl von Nutzpflanzen. Viele Wurzelgemüse wie z. B. Knollensellerie und Rübenarten sind deshalb in heutigen Tagen, in denen Tomaten und Gurken ganzjährig im Supermarkt angeboten werden, nicht mehr gefragt. Aber auch sich ändernde Ernährungsgewohnheiten und geschmackliche Vorlieben werden zu allen Zeiten Einfluss auf die Welt der Kulturpflanzen nehmen.

Sibirischer Kohl: *Alte Gemüsesarten stellen eine Bereicherung dar.*

Erhaltenswertes Erbe der Menschheit

Über Jahrtausende lag die Vermehrung und Züchtung von Nutzpflanzen in den Händen von Bäuerinnen und Bauern. Durch gezielte Auslese entstand eine Vielzahl regionaltypischer Sorten. Das Wissen um die Pflanzenzucht wurde von Generation zu Generation weitergegeben. Sowohl Ackerbau als auch Gartenbau war ohne die Gewinnung von eigenem Saatgut undenkbar, wobei selbstverständlich auch ein Austausch von Saatgut und Pflanzen zwischen den Höfen eine Rolle spielte.

Erst im Laufe des 19. Jahrhunderts entstand erste professionelle Pflanzenzüchtung. Heute liegt die Pflanzenzüchtung und Saatgutproduktion fast generell in den Händen der großen Saatgutkonzerne. Eine Entwicklung, deren Folgen sowohl für Landwirt und Gärtner, als auch für den Verbraucher, deutlich spürbar sind.

Eine durch Intensivierung und Arbeitsteiligkeit geprägte Landwirtschaft führt zu einer systematischen Sortenzüchtung mit dem obersten Ziel, möglichst hoher Erträge, gute Transport- und Lagereigenschaften, maschinelle Erntbarkeit zu erreichen. Der Preis: Vereinheitlichung und Verlust der Vielfalt. In der modernen Sortenentwicklung treten Merkmale wie Geschmack, vielfältige Nutzungseigenschaften und regionale Angepasstheit der Sorten immer mehr in den Hintergrund.

So genannten F 1-Hybridsorten versprechen größte Wirtschaftlichkeit. Was sind Hybridsorten? Mehrere Inzuchtlinien, die über Jahre immer weniger Lebenskraft aufweisen, blü-hen in der F 1-Generation nochmals auf, um dann zusammenzufallen. Diese Pflanzen stehen sozusagen am »Ende der Evolution« und können nicht mehr reproduziert werden. Die Züchtung von F 1-Hybriden hat nichts mit natürlicher Entwicklung, mit fortwährender Evolution gemein. Der Anbau solcher Sorten, deren Qualität vorwiegend in hohem Ertrag zu liegen scheint, dient rein wirtschaftlichen Interessen und steht in krassem Gegensatz zur Philosophie von Biogärtnern und Biobauern, zum Prinzip von Nachhaltigkeit und natürlichem Gleichgewicht.

Die Verdrängung und letztendlich der Verlust der meisten alten, samenfesten Landsorten, hat noch eine weitere folgenschwere Auswirkung für die Zukunft. Mit der Verbreitung der F 1-Hybriden verlieren Gärtner und Bauern die Möglichkeit eigener Saatgutproduktion. Es beginnt ein Weg in eine neue »Leibeigenschaft«, die sich als totale Abhängigkeit von Saatgutkonzernen darstellt. Ein Weg, der sich mit der Einführung genmanipulierter Sorten unweigerlich fortsetzt. Wobei die Problematik von Gentechnik im Bereich von Sortenzüchtung eine sicherlich weitgreifendere ist. Die Folgen der Einbringung artfremder Gene in die Erbsubstanz von Pflanzen sind heute weder absehbar, noch beherrschbar. Hier ein Beispiel zur Verdeutlichung der drohenden Gefahr: Wissenschaftler der Universität Jena haben das veränderte Gen eines herbizidresistenten Rapses in der Darmflora von Honigbienen nachgewiesen. Zunächst stellte man fest, dass Darmbakterien das veränderte Gen aufgenommen hatten, später bestätigte sich dies ebenfalls für Hefen im Bienendarm. Nun war etwas erwiesen, was man bisher nicht für wahrscheinlich hielt. Trotz großer Unterschiede in den Genomen von Pflanzen und Bakterien, erfolgte eine Übertragung von Genen.

Fazit: Die Ausbringung genmanipulierter Pflanzensorten in die freie Natur ist in letzter Konsequenz nicht verantwortbar.

Die zunehmende Verarmung an Kultursorten und eine beängstigende Eintönigkeit moderner Sortensortimente lässt sich an Zahlen ablesen, die die Welternährungsorganisation FAO anlässlich einer Konferenz über pflanzengenetische Ressourcen im Jahre 1996, lieferte. Demnach sind von den beispielsweise 7098 Apfelsorten, die es um das Jahr 1900 in den USA noch gab, heute 86 Prozent verloren gegangen, bei amerikanischem Kopfkohl 95 Prozent und bei Erbsen 94 Prozent.

Mit dem Verschwinden der zahlreichen alten Landsorten gehen nicht nur etwa vielfältige Geschmacksvariationen verloren, sondern weitere kostbare genetische Eigenschaften dieser Gewächse. Nicht selten bergen diese stabilen Kulturpflanzen, die über Generationen hinweg von Bauern und Gärtnern entwickelt und verbessert wurden, wertvolle Krankheits- und Schädlingsresistenzen. Nur wenn wir solche alten Sorten weiterhin anbauen, können wir ihre substanziellen Eigenschaften für die Nachwelt erhalten. Wir sollten gerade deshalb in unseren Hausgärten den Sorten einen Platz geben, die auf dem Markt keine Chance mehr haben. So können wir einen aktiven Beitrag leisten, um diesen Pflanzen das Überleben zu sichern. Sie sind auch heute mit ihren vielfältigen Formen, Farben, Geschmacks- und Nutzungseigenschaften immer noch eine Bereicherung für Garten und Küche.

Gärtnern mit alten Pflanzensorten

Spreche ich von »alten Pflanzen« im Bauerngarten, dann verstehe ich darunter zum einen den Anbau heute selten gewordener Pflanzenarten von Mangold über Schwarzwurzel bis Pastinake. Ich verstehe darunter aber auch eine Rückbesinnung auf alte Sorten im Zusammenhang mit der Kultur sämtlicher gängiger Nutzpflanzen.

Ein lebendiger und offener Garten gibt auch Neuem eine Chance. Der Anbau alter Sorten wird deshalb nicht zur Doktrin erhoben werden, sich aber als wertvolle Bereicherung heutiger Biogärten erweisen.

Alte Sorten prägen das Bild bunter Gemüsebeete in meinem Garten. Gelbe Bete und blaue Kartoffeln, roter Mangold und violettmarmorierte Bohnen lassen ein Fleckchen

Blaue Kartoffeln sind heute fast exotisch anmutend, waren sie früher auf den Tischen zuhause.

Erde zum »Garten Eden« werden. Den Schätzen ein Zuhause geben und damit auch das Erbe für unsere Kinder zu retten, wurde zur Herzensangelegenheit.

Dabei begann alles mit einer Pflanze, der Tomate. Die gefürchtete Braunfäule (*Phytophtora*) bereitete jedes Jahr dem Leben zunächst wunderbar wüchsiger Freilandtomaten ein vorzeitiges Ende. Nach einer kurzen Phase ohnmächtiger Wut, erwachte in mir der Drang zum Handeln. Kindheitserinnerungen an die Tomatenfülle in Großmutters Garten wurden wach. Es stellten sich mir die Fragen: Sind gesunde Tomaten nicht auch eine Frage der Sortenwahl? Sind Sortenzüchtungen früherer Tage etwa widerstandsfähiger?

Eines war klar, Saatgutkonzerne versuchen heute Sorten zu entwickeln, die den Anforderungen industrieller Landwirtschaft gerecht werden. Priorität hat möglichst hoher Ertrag, gefolgt von guten Transport- und Lagereigenschaften sowie maschineller Verarbeitbarkeit. Für die Regulierung von Krankheiten stehen jede Menge chemischer Mittel zur Verfügung. Wenn wir wissen, dass sich der größte Teil der Saatgutproduktion in den Händen der großen Chemiekonzerne befindet, dann schließt sich hier ein Kreis.

Bunte Körnerbohnen wecken die Sammelleidenschaft. In früheren Jahrhunderten von großer Bedeutung für die Sicherung der Nahrungsversorgung der Bevölkerung, sind sie heute weitgehend in der Versenkung verschwunden.

Die Suche nach alten Nutzpflanzen im Allgemeinen, als auch die gezielte Suche nach alten Tomaten im Besonderen, gestaltete sich vor einem Jahrzehnt noch als die berühmte Suche nach der Stecknadel im Heuhaufen. Doch es hat sich viel getan. Sowohl in Deutschland, als auch in unseren Nachbarländern, gründeten sich Vereine und Verbände zur Erhaltung der Kulturpflanzenvielfalt. Das Ziel ist regionale Vielfalt statt industrieller Monokulturen. Saatgut gefährdeter und seltener Nutzpflanzen wird vermehrt und angeboten, mit dem Ziel, diese kostbaren Schätze langfristig wieder in unseren Hausgärten anzusiedeln.

Vielfalt am Beispiel Tomate

In den letzten Jahren wuchsen in meinem Garten an die 50 verschiedene Tomatensorten, wobei sich das Sortiment jedes Jahr wandelt. Widerstandsfähigkeit und breite Krankheitsresistenz stehen als wünschenswerte Eigenschaften stets ganz oben. Bis heute ist es mir gelungen, eine ganze Reihe kaum braunfäuleanfälliger Sorten zu entdecken. Ich halte es aber generell für unehrlich, wenn gelegentlich von absolut braunfäuleresistenten Züchtungen für den Freilandanbau gesprochen wird.

Die Tomate hat mich stellvertretend für viele andere Pflanzenarten vorrangig eines gelehrt: Heute weiß ich, was Vielfalt heißt! Tomaten wachsen in Buschform und als kaum zu bändigende Stabtomaten in scheinbar unbegrenzte Höhen. Tomaten erfreuen mit großen und kleinen, runden, länglichen, kirsch-, birnen- oder eiförmigen Früchten. Diese reifen in rot, gelb oder grüngestreift. Ob saftig oder mehlig, süß oder säuerlich, sie bieten ein einmaliges und abwechslungsreiches Geschmackserlebnis. Garten und Küche wären ohne diese Vielfalt um vieles ärmer.

Tomatenvielfalt par excellence.

Meine Tomatensorten (Auswahl)

›De Berao‹

Die ausgesprochen hoch wachsende Stabtomate erreicht bei guter Pflege bis zu drei Meter Höhe.
Die roten, länglichen Früchte eignen sich für Salate und Sugo* gleichermaßen. Dabei erweist sich die aus Brasilien stammende Sorte als äußerst widerstandsfähig gegen Pilzkrankheiten und gehört seit vielen Jahren zum Standardsortiment in meinem Garten.

* Sugo = klassische italienische Tomatensoße

›Lämpchen‹

Die Schwestersorte von ›De Berao‹ kommt aus Russland. Makellose gelbe Früchte mit Bestnoten hinsichtlich ihrer Widerstandsfähigkeit gegen Krankheiten machen ›Lämpchen‹ zur wertvollen Sorte.

›Aurantiacum‹

Um eine vermutlich peruanische Wildform handelt es sich bei dieser hochwachsenden Stabtomate, die sich durch äußerst aromatische, gelbe kirschförmige Früchte auszeichnet. Hohe Widerstandsfähigkeit der Pflanzen gegen die gefürchtete Braunfäule und bei Regen absolut platzfeste Früchte machen sie besonders wertvoll.

›Tegucigalpa‹

Die lange, dünne Bauerntomate aus Honduras ist etwas Besonderes. Ihr Name leitet sich von der Hauptstadt dieses Landes ab. Es handelt sich um eine ungewöhnlich süß schmeckende Frucht. Reichtragende, frühe Sorte.

›Green Zebra‹

Ihre grün-gelb gestreiften Früchte machen diese Tomatensorte zur absoluten Rarität. Das hellgrüne, saftige Fleisch ist von mild-aromatischem Geschmack und erinnert an Melonen.

›Reisetomate‹

Die kuriosen roten Früchte sind in viele Teilfrüchte eingeschnürt und wurden von vorkolumbianischen Indianerkulturen angeblich als Reiseproviant genutzt. Eine Pflanze, die nahezu unbegrenzt wächst, deren Ertrag sich aber in Grenzen hält. Ihre einmalige Geschichte macht sie allerdings zur faszinierenden Gestalt in jedem Garten.

›Purple Calabash‹

Diese historische Tomate aus dem 16. Jahrhundert ist ebenfalls als Liebhabersorte zu bezeichnen. Dunkle, stark gerippte Früchte, an wüchsigen Pflanzen erinnern im Aroma an roten Wein.

›Anna Ruskaja‹

Eine alte russische Fleischtomate, die kulinarischen Hochgenuss verspricht. Große, hellrote Früchte in »Ochsenherzform«.

›Matt´s Wild Cherry‹

Die mexikanische Wildform wächst nahezu unbegrenzt und zeichnet sich durch hohe Widerstandskraft aus. Die kleinen, roten Früchte sind im Geschmack unerreicht.

›Andenhorn‹

Vor einigen Jahren durch einen Pflanzensammler aus den südamerikanischen Anden nach Europa gebracht, zeigt sich das Andenhorn als eine Sorte der Superlative. Gesunde und wüchsige Pflanzen tragen teils über 500 Gramm schwere fleischige Früchte in der Form eines Horns. Kältetolerant und frühreif.

> *In einem Garten wächst mehr,
> als man gesät hat.*
>
> Sprichwort

Und es rentiert sich doch: Der Bauerngarten heute

Vom Wert ländlicher Gartenkultur

Fährt man durch die Dörfer meiner bayerischen Heimat, entdeckt man Gärten, in denen auffällige Blumenrabatten und gepflegter Rasen das Bild bestimmen. Erfreulicherweise entdeckt man sie auch, die guten alten »Bauerngartl«, oder die Reste, die davon noch übrig sind. Doch nicht selten sieht man ihnen ihre Nebenrolle mehr oder weniger deutlich an. Tatsächlich führten nach dem Ende des Zweiten Weltkrieges, veränderte Lebensgewohnheiten auf dem Lande, resultierend aus wirtschaftlichem Aufschwung und Intensivierung der Landwirtschaft, zur Verdrängung des bäuerlichen Gartens. Plötzlich konnte man es sich leisten, Obst und Gemüse im Supermarkt zu kaufen. Immer wieder höre ich gerade aus dem Mund erfahrener Bäuerinnen: »Das rentiert sich doch heute nicht mehr!«

Meine Antwort: »Und es rentiert sich doch!« Der bäuerliche Nutzgarten verdient es aus den unterschiedlichsten Gründen eine Renaissance zu erleben. Ja, er ist heute sogar wertvoller denn je!

Gelungene Bauerngartenanlagen wirken in hohem Maße selbstverständlich, beinah wie von selbst in die Umgebung hineingewachsen. Dabei spiegelt sich in ihnen die Gartenkultur verschiedenster vergangener Epochen wieder. Behutsamkeit in der Wahl der Gestaltungselemente und Materialien vorausgesetzt, ist jederzeit eine moderne Interpretation dieser traditionellen Gartenform denkbar. Facettenreich und anpassungsfähig wird ein Garten im ländlichen Stil ein altes Bauernhaus ebenso schmücken, wie ein modernes Reihenhaus.

Nutzgärten als Bereicherung moderner Gartenarchitektur – da würde ich sagen: Bauerngarten – heute wertvoller denn je!

Gartenfreunde zu Besuch im Bauerngarten: wachsendes Interesse am »Garten der Vielfalt« verbindet die Menschen.

Foto: Elfriede Haslauer

Mit Bedacht sind auch die Pflanzen für den ländlich-bäuerlichen Garten zu wählen. Dieser Garten wird stets offen für Neues sein und sich den Bedürfnissen der Zeit anpassen. Dennoch liegt der Charme des Bauerngartens nicht zuletzt in der Kultur traditioneller Pflanzenarten und -sorten, die den natürlichen Charakter ihrer Art noch nicht verloren haben. Bunte Salate und imposante Kohlköpfe sind Gaumenschmaus und Augenweide zugleich. Auch wenn wir heute nicht mehr zwingend darauf angewiesen sind, was uns der Garten zu Essen bietet, selbstgezogenes Obst und Gemüse sind regelrechte Schätze im modernen Alltag. Der bäuerliche Küchengarten liefert frische, unbelastete und vitaminreiche Ernten. Gerade wenn wir uns auf alte Sorten besinnen, die eine geschmackliche Vielfalt aufweisen, wie sie nirgendwo sonst erlebbar ist. Eine gesunde Ernährung aus dem Bauerngarten ist heute wertvoller denn je!

Doch der Bauerngarten ist noch mehr. Hier lassen sich die Jahreszeiten hautnah erleben, das Kommen und Gehen, der Lauf des Lebens. Alle Jahre wieder bin ich auf's Neue fasziniert. Mit ein paar Händen voll Samentüten gehe ich im Frühjahr auf ein leeres Stückchen Land los. Und siehe da, plötzlich

Vitaminreicher Broccoli: *Augen- und Gaumenschmaus.*

beginnt es an allen Ecken und Enden zu sprießen, der Garten erwacht zu neuem Leben. Innerhalb weniger Wochen entsteht ein grünes Paradies: Lebensraum für Pflanzen, Tiere und Menschen. Ein Paradies, für das wir gerade unseren Kindern wieder die Augen öffnen sollten. Leben sie doch heute zunehmend in einer virtuellen Welt von Computer und Fernsehen, umgeben von toter Materie. Die Beschäftigung mit dem Garten ist Beschäftigung mit dem Leben. Hier lernen Kinder den Wert eines Lebens im Einklang mit der Natur und Erfurcht vor der Schöpfung Gottes kennen.

Für ein Leben mit der Natur in der heutigen Zeit ist der Bauerngarten heute wertvoller denn je!

Doch der Bauerngarten ist noch mehr. Er vereint das Nützliche mit dem Schönen wie keine andere Gartenform. Ein Fleckchen Erde gibt den Rahmen für ein Kunstwerk aus Farben, Mustern und Düften vor, das der Phantasie des Gärtners entspringt. Hier können wir die Faszination eines ausdrucksvollen Gemäldes erleben, hier erklingt die Sehnsucht einer schönen Melodie. Im Mittelpunkt stehen die Pflanzen. Sie erwecken das Kunstwerk zum Leben. Ein vergängliches Werk, dessen Beständigkeit abhängig von ständiger Anteilnahme des Menschen ist. Und doch ein Werk, das die Unaufhörlichkeit sich erneuernden Lebens, ein Stück Ewigkeit, in sich trägt. Lebte man früher erstrangig vom Garten, sollten wir heute auch im Garten leben. Genießen wir das Kunstwerk Garten. Tauchen wir in die grüne Oase Bauerngarten ein, in der die Gesetze der Natur das Tempo des Lebens be-

Wurzeln schlagen in der Natur: *ein Fundament für das ganze Leben.*

Garten für Leib und Seele*: Nutzen und Zierde in vollendeter Harmonie.*

Willkommen in meinem Garten.

stimmen. Hektik, Stress und Probleme des Alltags erscheinen plötzlich nichtig und klein und wir spüren eine Zufriedenheit!

Der Bauerngarten als Nahrung für die Seele ist heute wertvoller denn je!

Bauerngartenimpressionen rund ums Jahr

Frühjahr: Faszination neu erwachenden Lebens.

Sommer: Überschwängliche Fülle an Formen, Farben und Düften.

Herbst: gedämpfte Farben als Boten des zu Ende gehenden Gartenjahrs.

Winter: Ruhe kehrt ein im Garten.

»Miss nicht die Zeit«, sprach meine Seele zu mir,
»indem du sagst, dieses war gestern und jenes wird morgen sein.«
Denn eh meine Seele zu mir sprach,
hielt ich die Vergangenheit für eine Epoche, die nicht wiederkehrt,
und die Zukunft für einen Zeitabschnitt, der niemals erreicht werden kann.
Jetzt aber weiß ich, dass ein Augenblick der Gegenwart
die gesamte Zeit in sich birgt, und in ihm liegt all das, was man erhoffen,
tun und verwirklichen kann.

Khalil Gibran

Sonnenaufgang: Auch wenn die Sonne jeden Tag auf eine neue Welt scheint, die Geheimnisse des Lebens bleiben die gleichen.

Zauber der Vergangenheit

DER »EWIGE GARTEN«

Als bliebe die Zeit stehen: Ein formaler Garten

Zehn Jahre nach den ersten Handgriffen in meinem Garten entstand, eingelagert in die Obstwiese, ein weiterer, neuer Gartenraum. Hier setzt sich die Idee des Gärtnerns mit alten Pflanzenraritäten, die im Küchengarten wurzelt, fort. Auch dieser Garten nimmt Schlichtheit und Natürlichkeit als Gestaltungskriterien ländlicher Gärten auf. Auch er ist ein Nutzgarten. Und doch präsentiert er sich mit gänzlich anderem Gesicht als Obst- und

***Ewiger Garten«:** grünes Zimmer für eine ehrwürdige Pflanzengemeinschaft.*

Gemüsegarten. Es ist der Garten der Beständigkeit, in dem, im Gegensatz zum Küchengarten, ausdauernde Gewächse dominieren. Eine Beständigkeit, die auch ihren Ausdruck in einer besonderen Aufmerksamkeit hinsichtlich seiner architektonischen Gestaltung findet. Ich habe diesen »Garten der Beständigkeit«, den »Ewigen Garten« genannt.

Im »Ewigen Garten« tritt im Gegensatz zur freien Gestaltung der übrigen Gartenbereiche das formale Element in den Vordergrund. So ist der Raum auf drei Seiten umgeben von einer Formschnitthecke aus Hainbuche.

Der Bauerngarten öffnet sich nach außen, die Grenzen zwischen Garten und Umgebung sind fließend. Der »Ewige Garten« ist nach innen gekehrt. Er bietet optisch Schutz und Geborgenheit für eine ehrwürdige Pflanzengemeinschaft, nicht ohne dabei die Neugier der Vorübergehenden zu wecken. Im Garten selbst sind Buchseinfassungen und mit alten Pflastersteinen befestigte Wege prägend. Sie bilden den Rahmen dieses »verzierten« Nutzgartens und geben ihm rund ums Jahr Struktur.

DER »EWIGE GARTEN«

Der »Ewige Garten« ist der Garten der Vergangenheit, Gegenwart und Zukunft. Im Zentrum des Gartens erinnert eine Sonnenuhr an den Lauf der Zeit, kündet von Vergänglichkeit und Ewigkeit zugleich. Jedem Sonnenuntergang folgt ein Sonnenaufgang. Und wir stellen uns die Frage: »Was ist Zeit?« Ein Ruheplatz lädt zum Verweilen und Innehalten ein, lädt ein zum Vergessen von Zeit und Raum. Da bricht die Nacht herein und es kehrt Stille im »Ewigen Garten« ein . Nur das Zirpen der Grillen erklingt wie leise Musik. Der Blick wandert empor zum Himmel. Abertausende, vielleicht längst erloschene Sterne, strahlen hell auf diese Erde. Vergangenheit, Gegenwart und Zukunft verschmelzen in der großen, unendlichen Ewigkeit. Ich kann sie nicht erklären. Dennoch habe ich verstanden.

... und es kehrt Ruhe im Garten der Ewigkeit ein.

Wider dem Vergessen: »Ewige« Pflanzen

Im »Ewigen Garten« wachsen nahezu ausschließlich ausdauernde Pflanzen, die uns mit etwas Pflege auf ewig treu bleiben. Einige dieser Gewächse tragen das Wort »ewig« bereits in ihrem Namen. So findet man »Ewigen Kohl«, »Ewigen Spinat«, »Ewigen Lauch«, »Ewige Zwiebel«. Einen Hauch von Ewigkeit vermittelt dieser Garten zudem durch die Tatsache, dass die hier wachsenden Pflanzen Kulturgewächse mit uralter Tradition sind. Viele darunter sind in den letzten Jahrhunderten in Vergessenheit geraten. Hier treffen wir alte Heilkräuter an, von Alant (*Inula helenium*) bis Eibisch (*Althea officinalis*), von Eberraute (*Artemisia abrotanum*) bis Mariendistel (*Silybum marianum*), sowie die heiligen Kräuter der Kelten, Eisenkraut (*Verbena officinalis*) und Mädesüß (*Filipendula ulmaria*). Auch alte und rare Gemüsearten haben hier ein Zuhause gefunden: Blut- (*Rumex sanguineus*) und Schildampfer (*Rumex scutatus*), Ewiger Kohl (*Brassica sp.*), Knollenziest (*stachys sieboldii*), Erdmandel (*Cyperus esculentus*), Zuckerwurzel (*Sium sisarum*), Speiseklette (*Arctium lappa var. sativa*), Kardone = (Spanische Cardy Artischocke) (*Cynara cardunculus*) und vieles mehr.

Gesellschaft »ewiger« Pflanzen.

Ginkgo der Mittelpunkt im »Ewigen Garten«.

Ein lebendes Fossil: Der Ginkgo

Der Ginkgo (*Ginkgo biloba*) fasziniert seit jeher Dichter wie Wissenschaftler gleichermaßen. *Johann Wolfgang von Goethe* widmet ihm eines seiner bedeutendsten Gedichte. Als »lebendes Fossil« gilt er in der Welt der Wissenschaft als Phänomen.

Bereits vor 300 Millionen Jahren wuchsen auf der Erde Ginkgos. In der Zeit der Dinosaurier waren sie auch in Europa heimisch. Die erste Eiszeit vor 2,5 Millionen Jahren überlebte jedoch nur eine einzige Art in wenigen Gebieten Chinas. Nach Europa wurde der Baum erst wieder Ende des 18. Jahrhunderts gebracht.

Es handelt sich bei *Ginkgo biloba* um eine uralte Baumart, einzelne Bäume können ein erhabenes Alter von bis zu 1000 Jahren erreichen. Der Ginkgo ist in jeder Hinsicht einzigartig. So nimmt der Baum mit dem fächerförmigen Laub eine isolierte Stellung innerhalb der so genannten nacktsamigen Pflanzen ein. Geradezu sprichwörtlich ist die Widerstandskraft dieser Urzeitriesen, die sie nicht nur Eiszeiten und Feuersbrünste, sondern auch den Atombombenabwurf über das japanische Hiroshima überdauern ließ.

In Japan und China gilt der Ginkgo als heiliger Baum. Doch auch in unserem Kulturkreis erkannte man seine Heilwirkung. Heute werden in der Naturheilkunde Extrakte aus Ginkgo-Blättern bei Gedächtnis- und Konzentrationsschwäche eingesetzt.

In meinem »Ewigen Garten« bildet ein Ginkgo-Bäumchen im Kübel den Mittelpunkt. Das Unikum in der Pflanzenwelt unseres Planeten steht hier im Zentrum einer altehrwürdigen Pflanzengesellschaft. Wir begegnen dem Baum aller Bäume, dessen Stärke Ausdruck ewigen Lebens ist, mit Respekt und Demut.

Ginkgo biloba

*Dieses Baumes Blatt,
der von Osten
einem Garten anvertraut
Gibt geheimen Sinn zu kosten
wie's den Wissenden erbaut.*

*Ist es **ein** lebendig Wesen
das sich in sich selbst getrennt?
Sind es zwei, die sich erlesen
dass man sie als **eines** kennt?*

*Solche Frage zu erwidern
fand ich wohl den rechten Sinn.
Fühlst du nicht an meinen Liedern
dass ich **eins** und **doppelt** bin?*

Johann Wolfgang von Goethe

Silbrige Cardy und Rote Melde umwoben von Blütenrispen des Schildampfers.

Neu entdeckt: »Vergessene Gemüseraritäten«

Cardy, Kardone, Spanische Artischocke
(Cynaria cardunculus)

Die nahe Verwandte der Artischocke stammt aus dem Mittelmeerraum und wurde bereits in vorchristlicher Zeit in Ägypten kultiviert. Die wärmeliebenden, stattlichen Pflanzen tragen im zweiten Jahr große, blaue, distelähnliche Blüten und sind von hohem Zierwert. In der Küche werden die einjährigen, gebleichten Blattstile verwendet. Zum Bleichen werden die Pflanzen etwa drei Wochen mit Erde angehäufelt und in Stroh oder Schilf eingepackt.

Melde
(Artiplex hortensis)

Die als Spinatpflanze genutzte Melde (auch »Ewiger Spinat« genannt) wurde vor 200 Jahren durch den Kulturspinat verdrängt und hat heute kaum noch Bedeutung. Dabei zählt das anspruchslose, aus Südosteuropa stammende Gewächs, zu den ältesten Nutzpflanzen. In der Küche werden die jungen, mild schmeckenden Blätter verarbeitet. Im Garten setzen grüne, gelbe oder rote Melden Farbakzente in Gemüsebeeten.

Die Blattstrukturen von Erdmandel und Knollenziest ergänzen sich optisch.

Knollenziest
(Stachys sieboldii)

Der in Nordchina beheimatete Knollenziest war bis in die Mitte des 19. Jahrhunderts als feines Knollengemüse auch in den Küchen vornehmer Leute zuhause. Relativ arbeitsaufwendiges Ernten sowie eine gewisse Anfälligkeit für Viruskrankheiten, brachten den Anbau zum Erliegen. Die Ernte der frostharten Wurzelverdickungen erfolgt im November, nachdem die oberirdischen Teile abgestorben sind. Verbleiben einige Knollen im Boden, treiben diese im zeitigen Frühjahr wieder aus und machen Knollenziest zum leicht kultivierbaren Dauergemüse.

Erdmandel
(Cyperus esculentus)

Die Erdmandel, eine Verwandte des Papyrus, stammt aus Ostafrika. Von den alten Ägyptern nach Spanien gebracht, bereitet man dort noch heute eine erfrischende Erdmandelmilch. In unseren Breiten erwies sich das Gewächs nicht als winterhart. Aus im Frühjahr ausgelegten Knöllchen wachsen jedoch schnell dichte Grasbüschel. An ihren zahlreichen, feinen Wurzeln bilden sich kleine Knöllchen. Deren Geschmack erinnert an Mandeln und lässt sie zum Knabberspaß für Groß und Klein werden.

Zuckerwurzel
(Sium sisarum)

Mit dem Siegeszug der Kartoffel begann der Niedergang so mancher feldmäßig angebauter Wurzelgemüse, darunter auch die Zuckerwurzel. Diese aus Südrussland stammende uralte Kulturpflanze war im Mittelalter in ganz Mitteleuropa verbreitet. Es handelt sich um eine winterharte und anspruchslose Kultur. Die Pflanze bildet ein ganzes Bündel fingerdicker, etwa 20 Zentimeter langer Wurzeln, welche im Herbst geerntet werden. In früheren Jahrhunderten wurden sie nicht nur als feines, süß schmeckendes Gemüse geschätzt, sie fanden geröstet auch Verwendung als Kaffeeersatz.

Zuckerwurzel: *Gemüse aus dem Mittelalter.*

Ewiger Kohl
(Brassica species)

Ewiger Kohl erweist sich als mächtige, ausdauernde, winterharte Kohlart, die durch Mutation entstanden ist. Er bildet keine Samen, die Vermehrung geschieht durch Stecklinge. Jede Ewige Kohl Pflanze geht somit auf seine Mutterpflanze zurück.

Ewiger Kohl: *eine Blätterkohlart*

Filigranes Eisenkraut...

... und Mädesüß waren den Kelten heilig.

Mystik und Magie: Kräuterzauber

Echtes Eisenkraut
(Verbena officinalis)

Das Eisenkraut ist eine filigrane Staude mit unscheinbaren Blüten. Es besitzt kräftigende und aufbauende Eigenschaften, wirkt lindernd bei Kopfschmerz und stärkt die Verdauung.

Eisenkraut gilt neben Mistel, Brunnenkresse und Mädesüß als eines der vier heiligen Kräuter der Kelten, das Druiden in ihren Zeremonien nutzten. Die Römer weihten dieses Kraut der Göttin *Venus* und glaubten, dass es große Liebeskraft gibt.

Mädesüß
(Filipendula ulmaria)

Und noch ein magisches Kraut der Kelten. Es enthält antirheumatische und fiebersenkende Bestandteile. Im Mittelalter war Mädesüß zudem als Süßspeisenwürze beliebt.

Traumhafter Muskatellersalbei

Muskatellersalbei
(Salvia sclarea)

Eine der schönsten Salbeiarten! Die hellblaurosa Blütenhüllblätter bezaubern über Monate. Die Pflanze verströmt bei Berührung einen intensiven herb-frischen Duft, der an Muskat erinnert. Bereits zur Römerzeit wurde Muskatellersalbei zum Aromatisieren von Wein verwendet.

Mariendistel
(Silybum marianum)

Es handelt sich um eine äußerst attraktive Distelart mit rotvioletten Blüten und grün-weiß gesprenkeltem Laub. Der Überlieferung nach fiel die Milch der Jungfrau Maria auf die Blätter dieses Krautes, daraus sei diese Distelart hervorgegangen. In Europa wird die Heilkraft des Krautes seit Jahrhunderten genützt, wobei die Mariendistel in der heutigen Medizin als anerkanntes Mittel zur Behandlung von Leberbeschwerden gilt.

Die Blüten der Mariendistel setzen Akzente im »Ewigen Garten«.

Alant ist eine der wuchtigsten Stauden.

Alant
(Inula helenium)

Alant ist eine bis zu zwei Meter hohe Staude mit goldgelben, margaritenartigen Blüten und großen, zugespitzten Blättern. Der Artname des Alant geht auf die Zeustochter *Helena* zurück, die der Überlieferung nach bei ihrer Entführung durch Paris nach Troja eine Alantpflanze in ihren Händen hielt. Alant ist eine alte, bereits von den Römern geschätzte Heilpflanze. Er besitzt tonische Eigenschaften und ist wertvoll sowohl bei Atemwegsbeschwerden als auch bei Verdauungsproblemen.

Blühende Königskerze gegen den Himmel strebend.

Königskerze
(Verbascum thapsus)

Die in Europa und Asien heimische Pflanze stellt eine imposante Erscheinung dar. Seit der Antike zu Heilzwecken verwendet, ist auch heute noch der Nutzen von Blüten und Blättern der Königskerze bei Atemwegserkrankungen bekannt.

Als Zauberkraut verehrt, glaubte man im Mittelalter an die vor Fallsucht schützende Wirkung eines Amuletts aus Königskerze. Auch in der christlichen Mythologie findet sich die Königskerze. So bildet sie auch heute noch den Mittelpunkt des traditionellen Kräuterbuschens an Maria Himmelfahrt.

Die Madonnenlilie als Verkörperung von Reinheit und Anmut.

Madonnenlilie
(Lilium candidum)

Auch diese Pflanze hat eine herausragende Bedeutung in der christlichen Mythologie. Die »Weiße Lilie« wurde zum Symbol für makellose Reinheit.

Ihr volkstümlicher Name »Madonnenlilie« ist in diesem Zusammenhang zu sehen. Vermutlich durch Kreuzfahrer aus dem Heiligen Land nach Mitteleuropa gebracht, wurde sie in den mittelalterlichen Gärten als Heilpflanze kultiviert. Lilienöl galt als wirksames Mittel bei Brandwunden. Gestern wie heute zählt die Madonnenlilie zu den wohl edelsten Blumen ländlicher Gärten.

Ehre wem Ehre gebührt: Rosa ›Gloria Dei‹

Ägypter, Griechen, Römer – so manche Pflanze des »Ewigen Garten« wurde von ihnen bereits geschätzt und verehrt. Mit ihrer Symbolkraft waren diese Teil der antiken als auch der christlichen Mythologie.

Mit der modernen Edelrosensorte ›Gloria Dei‹ spannt sich der Bogen von der alten in die neue Zeit. Die ›Gloria Dei‹ bekam einen Ehrenplatz unter den ehrwürdigen Gewächsen des »Ewigen Garten«. ›Gloria Dei‹, die Rose von Welt ist berühmt als Symbol des Friedens.

Als vielversprechende Neuheit des französischen Rosenzüchters *Francis Meilland* wurde

DER »EWIGE GARTEN«

Die Rosensorte ›Gloria Dei‹: *eine Blüte im Namen von Frieden und Freiheit.*

sie erstmals 1936 vermehrt. Die Wirren des Zweiten Weltkriegs allerdings verhinderten ihre endgültige Einführung. ›Gloria Dei‹ schlummerte im Verborgenen. Lediglich der Versand von *Augen** in die USA, an *Francis Meillands* Freund *Robert Pyle,* konnte noch erfolgen. *Pyle* war fasziniert von der Rose mit den wunderbaren, großen, zartgelben Blüten und ließ sie patentieren. Am 29. April 1945 taufte er sie auf den Namen ›Peace‹ und ließ zwei weiße Tauben fliegen. Es war der Tag, an dem Berlin fallen sollte.

Jetzt begann der Siegeszug der Rose des Friedens, die in verschiedenen Ländern unterschiedliche Namen trägt, ›Madame A. Meilland‹, ›Peace‹ (Frieden), ›Gioia‹ (Freude), ›Gloria Dei‹ (Ehre sei Gott).

›Gloria Dei‹ – möge sie blühen in alle Ewigkeit!

---

* Als Rosenaugen bezeichnet man die stecknadelgroßen Triebknospen auf der Rinde, aus denen sich später Seitentriebe entwickeln.

Schutz und Geborgenheit
DAS GLASHAUS
Warme Kinderstube und Heimat für »Südländer«

Die Bebauung unseres Grundstücks war ursprünglich als Dreiseithof konzipiert, der sich nach Osten öffnet. Jahrelang genossen wir den Blick auf eine herrliche niederbayerische Hügellandschaft. Leider wurden wir in den letzten Jahren gezwungen, diesen Blick gegen den Blick auf eine jener einfallslosen Neubausiedlungen einzutauschen, wie sie heute allerorts aus dem Boden schießen und die gewachsene Harmonie von Dörfern gleichsam über Nacht für immer zerstören.

Das neu erbaute Glashaus schließt als viertes Gebäude den Hofraum und grenzt gleichzeitig den »Ewigen Garten« von diesem ab. Es bietet Schutz und Geborgenheit in zweierlei Hinsicht. Schutz und Geborgenheit für die Menschen, die die private Atmosphäre des Innenhofes genießen, sowie Schutz und Geborgenheit für beherbergte wärmeliebende Pflanzen.

Das mit einer Grundfläche von etwa 30 Quadratmetern relativ geräumige Haus wurde in Metallbauweise, in Eigenbau, errichtet. Die Kombination von Blankglas mit sandgestrahlten Glasflächen lässt den Baukörper gut zur Geltung kommen und verleiht ihm eine edle Optik.

Die Saison unter Glas beginnt mit der Anzucht von Jungpflanzen im zeitigen Frühjahr. Nur während dieser Zeit wird das Kalthaus im Falle später Frosteinbrüche temperiert. Bis die letzten Setzlinge Mitte Mai ins Freiland umziehen können, ist jeder Zentimeter unter Glas genützt. Nicht nur für den Eigenbedarf werden Gemüse, Kräuter und Blumen vorgezogen. Um auch andere Menschen an der Vielfalt alter Nutzpflanzen teilhaben zu lassen, findet jährlich einmalig eine Pflanzenverkaufsaktion am örtlichen Wochenmarkt statt, bei der insbesondere Tomatenraritäten angeboten werden. Im weiteren Jahresverlauf können in den Grundbeeten des Gewächshauses wärmeliebende Kulturen ausgepflanzt werden. Besonders Paprika, Auberginen, empfindlichere Sorten von Tomaten, aber auch Honigmelonen und Andenbeeren fühlen sich derart geschützt wohl und bringen beste Erträge.

DAS GLASHAUS 123

Alte französische Auberginensorte ›Frühe von Barbantane‹.

Blick in das Glashaus während der Sommermonate – Heimat für »Südländer«

Pflanzen für die Unterglaskultur
Aubergine
(Solanum melongena)

Noch etwas wärmebedürftiger als Tomaten und Paprika sind Auberginen. Anfang März im Warmen ausgesät, können sie Anfang bis Mitte Mai ins ungeheizte Glashaus gepflanzt werden. Die etwas 50 bis 100 Zentimeter hoch werdenden Pflanzen mit ihren rosavioletten Blüten und länglichen, glänzenden, violetten Früchten sind auch von hohem Zierwert. Bei Liebhabern der mediterranen Küche gelten geschmorte oder gebratene Auberginen als Delikatesse.

Milder Gemüsepaprika ›Pusztagold‹.

Paprika
(Capsicum annuum)

In feucht-kühlen Sommern liefert Freilandpaprika in unseren Breiten keine zufrieden stellenden Ergebnisse. Hier empfiehlt sich die Kultur unter Glas. Ob fleischige Gemüsepaprika oder scharfe Peperoni, um Mitte Mai ins ungeheizte Gewächshaus ausgepflanzt werden zu können, wird mit der Voranzucht der Jungpflanzen bereits im warmen Mitte Februar begonnen. Je nach Sorten wachsen die Pflanzen 50 bis 100 Zentimeter hoch, wobei höhere Arten auf Stütze angewiesen sind.

Honigmelone ›Blenheim Orange‹

Honigmelone
(Cucumis melo)

Zuckersüße Honigmelonen aus eigener Produktion sind ein Erlebnis für Groß und Klein.
Die tropische, beziehungsweise subtropische Heimat Afrika und Asien, erklärt ihre Wärmebedürftigkeit. Ende März ausgesät, bei Keimtemperaturen von plus 25 Grad Celsius und Mitte Mai ins Kalthaus gepflanzt, ist ab August mit ersten Ernten zu rechnen. Die Aufleitung der Pflanzen an Schnüren oder Netzen erleichtert deren Pflege.

Spaghettibohne
(Vigna unguiculata)

Die Verwandte asiatischer Mungo- und Adzuki-Bohnen stammt aus Thailand. Sie ist erheblich wärmebedürftiger als unsere bekannten Gartenbohnen und gedeiht nur an geschützten Stellen oder unter Glas. Hier wird Ende April direkt an Ort und Stelle ausgesät und die bis zu drei Meter langen Triebe an Schnüren oder Stangen aufgeleitet. Die dünnen Hülsen dieser Bohnenart erreichen beachtliche Längen von etwa 50 Zentimeter und sind ab Juli erntereif.

Spaghettibohne ›Liane‹

In Frieden mit Gott und der Welt
DIE PHILOSOPHIE DES GARTENS

Eines Tages kam mein Sohn lachend aus der Schule. »Mama, ich kenne einen fantastischen, neuen Witz. Der geht so: ›Trifft sich die Erde im Weltall mit einem fremden Planeten. Spricht der fremde Planet zur Erde: ›Wie siehst du denn aus?‹ Die Erde seufzend: ›Ach, ich habe *Homo sapiens*!‹ Der fremder Planet: ›Das hatte ich auch bereits einmal. Aber mach dir keine Sorgen, es vergeht wieder!‹ Ist der nicht nett?«, fragte mich mein Sohn.

Kinderwitz zum Lachen oder bittere Wahrheit? Wird der *Homo sapiens* der Bedeutung seines Namens gerecht? Ist er der weise Mensch?

Streben nach Macht und materiellem Reichtum kennzeichnet mehr denn je das Wesen der Menschheit. Hierfür sind wir bereit Kriege zu führen und unsere Erde auf Kosten unserer Kinder auszubeuten. Die Faszination des scheinbaren Fortschritts macht blind. Der Schriftsteller *Siegfried Lenz* hat gesagt: »Die Natur muss nicht in atomarem Blitz untergehen, der die Ozeane zum Kochen, die Gebirge zum Schmelzen bringt. Sie kann an unserer Verachtung und unserem Egoismus zugrunde gehen.«

Der Mensch betrachtet sich als Herrscher über die Welt. Noch hat er nicht erkannt, dass er Teil der wunderbaren Schöpfung Gottes ist. Noch hat er nicht verstanden, dass sein Überleben mit dem Überleben unseres Planeten untrennbar verbunden ist.

> *Es gibt keinen Weg zum Frieden.*
> *Der Friede ist der Weg.*
>
> Mahatma Gandhi

Der Mensch wird lernen müssen, der Natur mit Achtung und Respekt zu begegnen. Er wird sich auf eine höhere Daseinsstufe entwickeln müssen, auf der Frieden im Umgang der Menschen miteinander und im Umgang mit Mutter Erde sowie mit sich selbst, Wirklichkeit werden. Erst dann wird der Mensch zum *Homo sapiens*, zum weisen Menschen.

Frieden wie immer wir ihn uns vorstellen und wo immer wir ihn vorrangig herbeisehnen, ist niemals selbstverständlich. Er fordert unser aktives Eintreten für eine Gesellschaftsordnung, in der jede Form von physischer und psychischer Gewalt abgelehnt wird, die in letzter Konsequenz das Gedankengut des Pazifismus zu ihrem obersten Gebot macht.

Betrachten wir deshalb einen Garten stets als Stückchen Land, das uns von unseren Kindern geliehen wurde. Zerstören wir es nicht aus Eigennutz und Egoismus, sondern fühlen wir uns dafür verantwortlich, dieses einmalige Erbe zu bewahren. Entwickeln wir ein Gespür für alles Leben und wir werden das Wertvolle im eigenen Leben, die wahren Schätze des Glücks und der Lebensfreude entdecken. Schaffen wir eine Welt im Garten, die geprägt ist vom Miteinander von Pflanzen, Tieren und Menschen. Schaffen wir eine Welt, in der der Frieden tagtäglich gelebt wird!

Oase des Friedens – Der Garten als Ausdruck einer Vision. Der Vision von einer Welt, in der das würdevolle Miteinander von Pflanzen, Tieren und Menschen Wirklichkeit wird.

Danke,
meinem heute fünfzehnjährigen Sohn Simon,
für das einstige Sammeln von Regenwürmern und heimliche Naschen der süßesten Erdbeeren;
für seine Freude an der Bewirtschaftung eines eigenen Gemüsebeetes mit den herrlichsten »Naschtomaten«; für das tatkräftige Anpacken beim Bau des Glashauses.

Danke,
meinem Mann Franz,
für die Hilfe beim Verankern von Tomatenstützen;
für das Schaufeln unzähliger Kubikmeter Erde und Kies in den letzten zehn Jahren;
für die fachmännische Pflege unseres Obstgartens;
für die Verwirklichung des Traumes vom eigenen Glashaus.

Danke,
allen beiden, dass sie die Liebe zum Garten mit mir teilen.

ANHANG

Bezugsquellen (Auswahl)
Alte und seltene Pflanzenarten und -sorten sowie Sämereien

Dreschflegel
Postfach 1213, 37202 Witzenhausen
Tel.: 05542-502744, Fax -502758
e-mail: dreschflegel@biologische-saaten.de
internet: www.dreschflegel-saatgut.de

VEN
Verein zur Erhaltung der Nutzpflanzenvielfalt e.V.
c/o Ursula Reinhard, Sandbachstr. 5, 38162 Schandelah
e-mail: ven.nutz@gmx.de
internet: www.nutzpflanzenvielfalt.de

Arche Noah
Obere Straße 40, A-3553 Schiltern
Tel +43-(0)2734-8626, Fax +43-(0)2734-8627
e-mail: info@arche-noah.at
internet: www.arche-noah.at
Katalog oder CD-Rom gegen Gebühr, jedoch sehr empfehlenswert!

Ferme de Saint Marthe
Ansprechpartner in Deutschland:
Ulla Grall, Eulengasse 3, 55288 Armsheim

Alte Rosensorten

Bioland-Rosenschule Ruf
Zum Sauerbrunnen 35, 61231 Bad Nauheim-Steinfurth
Tel.: 06032-81893 Fax: -82375
e-mail: info@rosenschule-ruf.de
internet: www.rosenschule-ruf.de

Rosengärtnerei Kalbus
90518 Altdorf / Hagenhausen
Tel.: 09187-5729 Fax -5722
e-mail: Kalbus.Rosen@lau-net.de
internet: www.rosen-kalbus.de

Effektive Mikroorganismen (EM)

MikroVeda
Handelsgesellschaft mbH,
Im Kuckucksfeld 1,
47624 Kevelaer-Twisten,
www.mikroveda.de

Verwendete und empfohlene Literatur:

Abtei Fulda: Pflanzensaft gibt Pflanzen Kraft

Austin D.: Alte Rosen und Englische Rosen, DuMont Verlag 1992.

Franck G.: Gesunder Garten durch Mischkultur, Südwest Verlag 1981.

Freitag-Lau, G. und Lau, K.W. (Hrsg.): Aussaattage nach kosmischen Rhythmen. OLV Verlag, Xanten, (jährlich neu).

Hennig, E.: 1994. Geheimnisse der fruchtbaren Böden. OLV Verlag, Xanten 2002.

Hohenberger, E.: Der Bauerngarten im Wandel der Zeiten, Obst- und Gartenbauverlag 1995.

Kleber, G. und Kleber, E.: Gärtnern im Biotop mit Mensch. OLV Verlag, Xanten 1999.

Kretschmann, K.: Mulch total. OLV Verlag, Xanten 2003.

Kreuter, M. L.: Der Biogarten, BLV Verlag 2004.

Langerhorst, M.: 1996. Meine Mischkulturenpraxis. OLV Verlag, Xanten 2003.

Pommeresche, H.: Humussphäre. OLV Verlag, Xanten 2004.

Rusch, H.P.: 1968. Bodenfruchtbarkeit. OLV Verlag, Xanten 2004.

Lau, K.W. (Hrsg.): NATÜRLICH GÄRTNERN – Das Gartentagebuch. OLV Verlag, Xanten, (jährlich neu).

Thun M.: Erfahrungen für den Garten, Kosmos Verlag 2003.

Widmayr C.: Alte Bauerngärten neu entdeckt, BLV Verlag 1990.

Witt R.: Der Naturgarten, BLV Verlag 2001.

2. ÜBERARBEITETE AUFLAGE!

Margarete Langerhorst

Meine Mischkulturenpraxis

Nach dem Vorbild der Natur

144 Seiten. Mit vierfarbigen Kunstdrucktafeln. Softcover.

15,50 € (D)
Bestell-Nr. 210
ISBN 3-922201-21-0

Zu beziehen über jede Buchhandlung, Internethandel oder zzgl. Versand direkt beim OLV Verlag erhältlich: Im Kuckucksfeld 1, D-47624 Kevelaer-Twisten,
E-Mail: info@olv-verlag.de,
Internet: www.olv-verlag.de